MI DIETA DASH 2022

RECETAS DELICIOSAS PARA BAJAR LA PRESIÓN ARTERIAL Y MEJORAR SU SALUD

CARLOS FERNANDEZ

Tabla de contenido

Mezcla de judías verdes y berenjenas 12

Mix de Aceitunas y Alcachofas 13

Dip de pimientos con cúrcuma 14

Crema de lentejas 15

Nueces tostadas 16

Cuadrados de arándano 17

Barritas de coliflor 18

Tazones de Semillas y Almendras 19

Patatas fritas 20

Dip de col rizada 21

Chips de remolacha 22

Dip de calabacín 23

Semillas y mezcla de manzana 24

Crema de calabaza 25

Crema de espinacas 26

Salsa de Aceitunas y Cilantro 27

Dip de cebollino y remolacha 28

Salsa de pepino 29

Dip de garbanzos 30

Dip de aceitunas 31

Dip de cebollas de coco 32

Dip de piñones y coco 33

Salsa de rúcula y pepinos 34

Dip de queso 35

Dip de yogur con pimentón 36
Salsa de coliflor 37
Crema de camarones 38
Salsa de durazno 39
Chips de zanahoria 40
Bocaditos de espárragos 41
Cuencos de higos al horno... 42
Salsa de Repollo y Camarones 43
Cuñas de aguacate 44
Dip de limón.. 45
Dip de camote 46
Salsa De Frijoles 47
Salsa De Frijoles Verdes.. 48
Crema de zanahoria 49
Salsa de tomate 50
Tazones de salmón... 51
Salsa de Tomate y Maíz 52
Champiñones al horno 53
Frijoles para untar... 54
Salsa de cilantro e hinojo.. 55
Bocaditos de coles de Bruselas... 56
Bocaditos de nueces balsámicas... 57
chips de rábano.. 58
Ensalada De Puerros Y Camarones 59
Dip de puerros 60
Ensalada de pimientos morrones 61
Crema de aguacate 62

Salsa de maiz	63
Barras de frijoles	64
Mezcla de semillas de calabaza y chips de manzana	65
Dip de Tomates y Yogur	66
Cuencos de remolacha de cayena	67
Tazones de nueces y pacanas	68
Muffins de salmón y perejil	69
Pelotas de Squash	70
Tazones de cebolla con queso y perla	71
Barras de brócoli	72
Salsa de Piña y Tomate	73
Mezcla de pavo y alcachofas	74
Mezcla de pavo con orégano	75
Pollo naranja	76
Pavo al ajo y champiñones	77
Sartén de Pollo y Aceitunas	78
Mezcla de pavo balsámico y melocotón	79
Pollo al coco y espinacas	80
Mezcla de pollo y espárragos	82
Pavo y Brócoli Cremoso	83
Mezcla de judías verdes con pollo y eneldo	84
Calabacín con pollo y chile	85
Mezcla de aguacate y pollo	87
Pavo y Bok Choy	88
Pollo con Mezcla de Cebolla Roja	89
Arroz y Pavo Caliente	90
Pollo y puerro al limón	92

Pavo con mezcla de col de Saboya 93

Pollo con Cebolletas de Pimentón 94

Salsa de Pollo y Mostaza 95

Mezcla de pollo y apio 96

Pavo al Limón con Patatas Baby 97

Pollo con Mostaza 99

Pollo al Horno y Manzanas 100

Pollo al Chipotle 102

Pavo con hierbas 104

Salsa de pollo y jengibre 105

Pollo y Maíz 106

Pavo al curry y quinua 107

Chirivías de pavo y comino 108

Garbanzos de pavo y cilantro 109

Pavo con Frijoles y Aceitunas 111

Quinoa con Pollo y Tomate 112

Alitas De Pollo Con Pimienta De Jamaica 113

Mezcla de camarones y piña 114

Salmón y Aceitunas Verdes 115

Salmón e Hinojo 116

Bacalao y Espárragos 117

Camarones especiados 118

Lubina y Tomates 119

Camarones y Frijoles 120

Mezcla de camarones y rábano picante 121

Ensalada De Camarones Y Estragón 122

Mezcla de bacalao parmesano 123

Mezcla de tilapia y cebolla morada	124
Ensalada de trucha	125
Trucha Balsámica	126
Salmón con perejil	127
Ensalada de Trucha y Verduras	128
Salmón azafrán	129
Ensalada De Camarones Y Sandía	130
Ensalada de camarones y quinoa al orégano	131
Ensalada de cangrejo	132
Vieiras Balsámicas	133
Mezcla cremosa de platija	134
Mezcla picante de salmón y mango	135
Mezcla de camarones al eneldo	136
Paté de salmón	137
Camarones con Alcachofas	138
Camarones con Salsa de Limón	139
Mezcla de atún y naranja	140
Salmón al curry	141
Mezcla de salmón y zanahorias	142
Mezcla de Camarones y Piñones	143
Chili Bacalao y Judías Verdes	144
Vieiras al ajillo	145
Mezcla cremosa de lubina	146
Mezcla de Lubina y Champiñones	147
Sopa de salmón	148
Camarones Nuez Moscada	149
Mezcla de camarones y bayas	150

Trucha al limón al horno	151
Vieiras de cebollino	152
Albóndigas de atún	153
Sartén de salmón	154
Mezcla de bacalao con mostaza	155
Mezcla de camarones y espárragos	156
Bacalao y Guisantes	157
Tazones De Camarones Y Mejillones	158
Crema de menta	159
Pudin de frambuesas	160
Barritas de almendras	161
Mezcla de duraznos al horno	162
Pastel De Nueces	163
Tarta de manzana	164
Crema de canela	165
Mezcla cremosa de fresas	166
Brownies de vainilla y nueces	167
Budín de cacao	169
Crema de nuez moscada y vainilla	170
Crema de aguacate	171
Crema de frambuesas	172
Ensalada de sandía	173
Mezcla de peras de coco	174
Compota de Manzanas	175
Guiso de Albaricoques	176
Mezcla de melón y limón	177
Crema cremosa de ruibarbo	178

Cuencos de piña 179

Guiso de arándanos 180

Pudín de lima 181

Crema de melocotón 182

Mezcla de ciruelas canela 183

Manzanas de Chia y Vainilla 184

Guiso de ruibarbo 186

Crema de ruibarbo 187

Ensalada de arándanos 188

Dátiles y Crema de Plátano 189

Muffins de ciruela 190

Cuencos de Ciruelas y Pasas 191

Barras de semillas de girasol 192

Tazones de moras y anacardos 193

Tazones de naranja y mandarinas 194

Crema de calabaza 195

Mezcla de higos y ruibarbo 196

Plátano especiado 197

Batido de cacao 198

Barras de plátano 199

Barras de té verde y dátiles 200

Pastel de limón 202

Barras de pasas 203

Cuadrados de nectarinas 204

Guiso de uvas 205

Crema de Mandarina y Ciruelas 206

Crema de Cerezas y Fresas 207

Nueces de cardamomo y arroz con leche 208

Pan de peras 209

Budín de Arroz y Cerezas 210

Guiso de sandía 211

Pudin de jengibre 212

Crema de anacardo 213

Galletas de cáñamo 214

Tazones de almendras y granada 215

Mezcla de judías verdes y berenjenas

Tiempo de preparación: 4 minutos.
Tiempo de cocción: 40 minutos.
Porciones: 4

Ingredientes:
- 1 libra de judías verdes, cortadas y cortadas por la mitad
- 1 berenjena pequeña, cortada en trozos grandes
- 1 cebolla amarilla picada
- 2 cucharadas de aceite de oliva
- 2 cucharadas de jugo de lima
- 1 cucharadita de pimentón ahumado
- ¼ de taza de caldo de verduras bajo en sodio
- Pimienta negra al gusto
- ½ cucharadita de orégano seco

Direcciones:
1. En una fuente para asar, combine las judías verdes con la berenjena y los demás ingredientes, mezcle, introduzca en el horno, hornee a 390 grados F durante 40 minutos, divida entre platos y sirva como guarnición.

Nutrición: calorías 141, grasa 7.5, fibra 8.9, carbohidratos 19, proteína 3.7

Mix de Aceitunas y Alcachofas

Tiempo de preparación: 5 minutos.
Tiempo de enfriamiento: 0 minutos
Porciones: 4

Ingredientes:
- 10 onzas de corazones de alcachofa enlatados, sin sal agregada, escurridos y cortados por la mitad
- 1 taza de aceitunas negras, sin hueso y en rodajas
- 1 cucharada de alcaparras, escurridas
- 1 taza de aceitunas verdes, sin hueso y en rodajas
- 1 cucharada de perejil picado
- Pimienta negra al gusto
- 2 cucharadas de aceite de oliva
- 2 cucharadas de vinagre de vino tinto
- 1 cucharada de cebollino picado

Direcciones:
1. En una ensaladera, combine las alcachofas con las aceitunas y los demás ingredientes, mezcle y sirva como guarnición.

Nutrición: calorías 138, grasa 11, fibra 5.1, carbohidratos 10, proteína 2.7

Dip de pimientos con cúrcuma

Tiempo de preparación: 4 minutos.
Tiempo de cocción: 0 minutos.
Porciones: 4

Ingredientes:
- 1 cucharadita de cúrcuma en polvo
- 1 taza de crema de coco
- 14 onzas de pimientos rojos, sin sal agregada, picados
- Jugo de ½ limón
- 1 cucharada de cebollino picado

Direcciones:
1. En su licuadora, combine los pimientos con la cúrcuma y los demás ingredientes excepto el cebollino, pulse bien, divida en tazones y sirva como bocadillo con el cebollino espolvoreado por encima.

Nutrición: calorías 183, grasa 14,9, fibra 3. carbohidratos 12,7, proteína 3,4

Crema de lentejas

Tiempo de preparación: 5 minutos.
Tiempo de cocción: 0 minutos.
Porciones: 4

Ingredientes:
- 14 onzas de lentejas enlatadas, escurridas, sin sal agregada, enjuagadas
- Jugo de 1 limón
- 2 dientes de ajo picados
- 2 cucharadas de aceite de oliva
- ½ taza de cilantro picado

Direcciones:
1. En una licuadora, combine las lentejas con el aceite y los demás ingredientes, licúe bien, divida en tazones y sirva como untable de fiesta.

Nutrición: calorías 416, grasa 8.2, fibra 30.4, carbohidratos 60.4, proteína 25.8

Nueces tostadas

Tiempo de preparación: 5 minutos.
Tiempo de cocción: 15 minutos.
Porciones: 8

Ingredientes:
- ½ cucharadita de pimentón ahumado
- ½ cucharadita de chile en polvo
- ½ cucharadita de ajo en polvo
- 1 cucharada de aceite de aguacate
- Una pizca de pimienta de cayena
- 14 onzas de nueces

Direcciones:
1. Extienda las nueces en una bandeja para hornear forrada, agregue el pimentón y los otros ingredientes, mezcle y hornee a 410 grados F durante 15 minutos.
2. Dividir en tazones y servir como refrigerio.

Nutrición: calorías 311, grasa 29.6, fibra 3.6, carbohidratos 5.3, proteína 12

Cuadrados de arándano

Tiempo de preparación: 3 horas y 5 minutos

Tiempo de cocción: 0 minutos.
Porciones: 4

Ingredientes:
- 2 onzas de crema de coco
- 2 cucharadas de copos de avena
- 2 cucharadas de coco rallado
- 1 taza de arándanos

Direcciones:
1. En una licuadora, combine la avena con los arándanos y los demás ingredientes, presione bien y extienda en un molde cuadrado.

Córtalos en cuadritos y guárdalos en el frigorífico durante 3 horas antes de servir.

Nutrición: calorías 66, grasa 4.4, fibra 1.8, carbohidratos 5.4, proteína 0.8

Barritas de coliflor

Tiempo de preparación: 10 minutos.
Tiempo de cocción: 30 minutos.
Porciones: 8

Ingredientes:
- 2 tazas de harina integral
- 2 cucharaditas de polvo de hornear
- Una pizca de pimienta negra
- 2 huevos batidos
- 1 taza de leche de almendras
- 1 taza de floretes de coliflor, picados
- ½ taza de queso cheddar bajo en grasa, rallado

Direcciones:
1. En un bol, combine la harina con la coliflor y los demás ingredientes y revuelva bien.
2. Extienda en una bandeja para hornear, introduzca en el horno, hornee a 400 grados F durante 30 minutos, corte en barras y sirva como bocadillo.

Nutrición: calorías 430, grasa 18.1, fibra 3.7, carbohidratos 54, proteína 14.5

Tazones de Semillas y Almendras

Tiempo de preparación: 5 minutos.
Tiempo de cocción: 10 minutos.
Porciones: 4

Ingredientes:
- 2 tazas de almendras
- ¼ de taza de coco rallado
- 1 mango, pelado y cortado en cubos
- 1 taza de pipas de girasol
- Spray para cocinar

Direcciones:
1. Extienda las almendras, coco, mango y semillas de girasol en una bandeja para hornear, engrase con aceite en aerosol, mezcle y hornee a 400 grados F durante 10 minutos.
2. Dividir en tazones y servir como refrigerio.

Nutrición: calorías 411, grasa 31,8, fibra 8,7, carbohidratos 25,8, proteína 13,3

Patatas fritas

Tiempo de preparación: 10 minutos.
Tiempo de cocción: 20 minutos.
Porciones: 4

Ingredientes:
- 4 papas doradas, peladas y en rodajas finas
- 2 cucharadas de aceite de oliva
- 1 cucharada de chile en polvo
- 1 cucharadita de pimentón dulce
- 1 cucharada de cebollino picado

Direcciones:
1. Extienda las papas fritas en una bandeja para hornear forrada, agregue el aceite y los demás ingredientes, mezcle, introduzca en el horno y hornee a 390 grados F durante 20 minutos.
2. Dividir en tazones y servir.

Nutrición: calorías 118, grasa 7.4, fibra 2.9, carbohidratos 13.4, proteína 1.3

Dip de col rizada

Tiempo de preparación: 10 minutos.
Tiempo de cocción: 20 minutos.
Porciones: 4

Ingredientes:
- 1 manojo de hojas de col rizada
- 1 taza de crema de coco
- 1 chalota picada
- 1 cucharada de aceite de oliva
- 1 cucharadita de chile en polvo
- Una pizca de pimienta negra

Direcciones:
1. Calienta una sartén con el aceite a fuego medio, agrega las chalotas, revuelve y sofríe por 4 minutos.
2. Agrega la col rizada y los demás ingredientes, lleva a fuego lento y cocina a fuego medio durante 16 minutos.
3. Licue con una licuadora de inmersión, divida en tazones y sirva como bocadillo.

Nutrición: calorías 188, grasa 17,9, fibra 2,1, carbohidratos 7,6, proteína 2,5

Chips de remolacha

Tiempo de preparación: 10 minutos.
Tiempo de cocción: 35 minutos.
Porciones: 4

Ingredientes:
- 2 remolachas, peladas y en rodajas finas
- 1 cucharada de aceite de aguacate
- 1 cucharadita de comino, molido
- 1 cucharadita de semillas de hinojo, trituradas
- 2 cucharaditas de ajo picado

Direcciones:
1. Extienda los chips de remolacha en una bandeja para hornear forrada, agregue el aceite y los demás ingredientes, mezcle, introduzca en el horno y hornee a 400 grados F durante 35 minutos.
2. Dividir en tazones y servir como refrigerio.

Nutrición: calorías 32, grasa 0.7, fibra 1.4, carbohidratos 6.1, proteína 1.1

Dip de calabacín

Tiempo de preparación: 5 minutos.
Tiempo de cocción: 10 minutos.
Porciones: 4

Ingredientes:
- ½ taza de yogur descremado
- 2 calabacines picados
- 1 cucharada de aceite de oliva
- 2 cebolletas picadas
- ¼ de taza de caldo de verduras bajo en sodio
- 2 dientes de ajo picados
- 1 cucharada de eneldo picado
- Una pizca de nuez moscada molida

Direcciones:
1. Calentar una sartén con el aceite a fuego medio, agregar la cebolla y el ajo, remover y sofreír por 3 minutos.
2. Agrega los calabacines y el resto de ingredientes excepto el yogur, revuelve, cocina por 7 minutos más y retira del fuego.
3. Agrega el yogur, licúa con una licuadora de inmersión, divide en tazones y sirve.

Nutrición: calorías 76, grasa 4.1, fibra 1.5, carbohidratos 7.2, proteína 3.4

Semillas y mezcla de manzana

Tiempo de preparación: 10 minutos.
Tiempo de cocción: 20 minutos.
Porciones: 4

Ingredientes:
- 2 cucharadas de aceite de oliva
- 1 cucharadita de pimentón ahumado
- 1 taza de pipas de girasol
- 1 taza de semillas de chía
- 2 manzanas, sin corazón y cortadas en gajos
- ½ cucharadita de comino, molido
- Una pizca de pimienta de cayena

Direcciones:
1. En un tazón, combine las semillas con las manzanas y los demás ingredientes, mezcle, extienda en una bandeja para hornear forrada, introduzca en el horno y hornee a 350 grados F durante 20 minutos.
2. Dividir en tazones y servir como refrigerio.

Nutrición: calorías 222, grasa 15.4, fibra 6.4, carbohidratos 21.1, proteína 4

Crema de calabaza

Tiempo de preparación: 5 minutos.
Tiempo de cocción: 0 minutos.
Porciones: 4

Ingredientes:
- 2 tazas de pulpa de calabaza
- ½ taza de semillas de calabaza
- 1 cucharada de jugo de limón
- 1 cucharada de pasta de ajonjolí
- 1 cucharada de aceite de oliva

Direcciones:
1. En una licuadora, combine la calabaza con las semillas y los demás ingredientes, presione bien, divida en tazones y sirva una fiesta para untar.

Nutrición: calorías 162, grasa 12,7, fibra 2,3, carbohidratos 9,7, proteína 5,5

Crema de espinacas

Tiempo de preparación: 10 minutos.
Tiempo de cocción: 20 minutos.
Porciones: 4

Ingredientes:
- 1 libra de espinaca picada
- 1 taza de crema de coco
- 1 taza de mozzarella descremada, rallada
- Una pizca de pimienta negra
- 1 cucharada de eneldo picado

Direcciones:
1. En un molde para hornear, combine las espinacas con la crema y los demás ingredientes, revuelva bien, introduzca en el horno y hornee a 400 grados F por 20 minutos.
2. Dividir en tazones y servir.

Nutrición: calorías 186, grasa 14.8, fibra 4.4, carbohidratos 8.4, proteína 8.8

Salsa de Aceitunas y Cilantro

Tiempo de preparación: 5 minutos.
Tiempo de cocción: 0 minutos.
Porciones: 4

Ingredientes:
- 1 cebolla morada picada
- 1 taza de aceitunas negras, sin hueso y cortadas por la mitad
- 1 pepino en cubos
- ¼ de taza de cilantro picado
- Una pizca de pimienta negra
- 2 cucharadas de jugo de lima

Direcciones:
1. En un bol, combine las aceitunas con el pepino y el resto de ingredientes, mezcle y sirva frío como botana.

Nutrición: calorías 64, grasa 3.7, fibra 2.1, carbohidratos 8.4, proteína 1.1

Dip de cebollino y remolacha

Tiempo de preparación: 5 minutos.
Tiempo de cocción: 25 minutos.
Porciones: 4

Ingredientes:
- 2 cucharadas de aceite de oliva
- 1 cebolla morada picada
- 2 cucharadas de cebolletas picadas
- Una pizca de pimienta negra
- 1 remolacha, pelada y picada
- 8 onzas de queso crema bajo en grasa
- 1 taza de crema de coco

Direcciones:
1. Calienta una sartén con el aceite a fuego medio, agrega la cebolla y sofríe por 5 minutos.
2. Agregue el resto de los ingredientes y cocine todo durante 20 minutos más revolviendo con frecuencia.
3. Transfiera la mezcla a una licuadora, presione bien, divida en tazones y sirva.

Nutrición: calorías 418, grasa 41.2, fibra 2.5, carbohidratos 10, proteína 6.4

Salsa de pepino

Tiempo de preparación: 5 minutos.
Tiempo de cocción: 0 minutos.
Porciones: 4

Ingredientes:
- 1 libra de pepinos en cubos
- 1 aguacate, pelado, sin hueso y en cubos
- 1 cucharada de alcaparras, escurridas
- 1 cucharada de cebollino picado
- 1 cebolla morada pequeña, cortada en cubos
- 1 cucharada de aceite de oliva
- 1 cucharada de vinagre balsámico

Direcciones:
1. En un bol, combine los pepinos con el aguacate y los demás ingredientes, mezcle, divida en tazas pequeñas y sirva.

Nutrición: calorías 132, grasa 4.4, fibra 4, carbohidratos 11.6, proteína 4.5

Dip de garbanzos

Tiempo de preparación: 5 minutos.
Tiempo de cocción: 0 minutos.
Porciones: 4

Ingredientes:
- 1 cucharada de aceite de oliva
- 1 cucharada de jugo de limón
- 1 cucharada de pasta de semillas de sésamo
- 2 cucharadas de cebolletas picadas
- 2 cebolletas picadas
- 2 tazas de garbanzos enlatados, sin sal agregada, escurridos y enjuagados

Direcciones:
1. En tu licuadora, combina los garbanzos con el aceite y los demás ingredientes excepto el cebollino, pulsa bien, divide en tazones, espolvorea el cebollino por encima y sirve.

Nutrición: calorías 280, grasa 13,3, fibra 5,5, carbohidratos 14,8, proteína 6,2

Dip de aceitunas

Tiempo de preparación: 4 minutos.
Tiempo de cocción: 0 minutos.
Porciones: 4

Ingredientes:
- 2 tazas de aceitunas negras, sin hueso y picadas
- 1 taza de menta picada
- 2 cucharadas de aceite de aguacate
- ½ taza de crema de coco
- ¼ de taza de jugo de lima
- Una pizca de pimienta negra

Direcciones:
1. En tu licuadora, combina las aceitunas con la menta y los demás ingredientes, licúa bien, divide en tazones y sirve.

Nutrición: calorías 287, grasa 13.3, fibra 4.7, carbohidratos 17.4, proteína 2.4

Dip de cebollas de coco

Tiempo de preparación: 5 minutos.
Tiempo de cocción: 0 minutos.
Porciones: 4

Ingredientes:
- 4 cebolletas picadas
- 1 chalota picada
- 1 cucharada de jugo de lima
- Una pizca de pimienta negra
- 2 onzas de queso mozzarella bajo en grasa, rallado
- 1 taza de crema de coco
- 1 cucharada de perejil picado

Direcciones:
1. En una licuadora, combine las cebolletas con la chalota y los demás ingredientes, presione bien, divida en tazones y sirva como salsa para fiestas.

Nutrición: calorías 271, grasa 15.3, fibra 5, carbohidratos 15.9, proteína 6.9

Dip de piñones y coco

Tiempo de preparación: 5 minutos.
Tiempo de cocción: 0 minutos.
Porciones: 4

Ingredientes:
- 8 onzas de crema de coco
- 1 cucharada de piñones picados
- 2 cucharadas de perejil picado
- Una pizca de pimienta negra

Direcciones:
1. En un bol, combinar la nata con los piñones y el resto de ingredientes, batir bien, dividir en tazones y servir.

Nutrición: calorías 281, grasa 13, fibra 4.8, carbohidratos 16, proteína 3.56

Salsa de rúcula y pepinos

Tiempo de preparación: 5 minutos.
Tiempo de cocción: 0 minutos.
Porciones: 4

Ingredientes:
- 4 cebolletas picadas
- 2 tomates, en cubos
- 4 pepinos, en cubos
- 1 cucharada de vinagre balsámico
- 1 taza de hojas de rúcula tiernas
- 2 cucharadas de jugo de limón
- 2 cucharadas de aceite de oliva
- Una pizca de pimienta negra

Direcciones:
1. En un bol, combine las cebolletas con los tomates y los demás ingredientes, mezcle, divida en tazones pequeños y sirva como bocadillo.

Nutrición: calorías 139, grasa 3.8, fibra 4.5, carbohidratos 14, proteína 5.4

Dip de queso

Tiempo de preparación: 5 minutos.
Tiempo de cocción: 0 minutos.
Porciones: 6

Ingredientes:
- 1 cucharada de menta picada
- 1 cucharada de orégano picado
- 10 onzas de queso crema sin grasa
- ½ taza de jengibre, en rodajas
- 2 cucharadas de aminoácidos de coco

Direcciones:
1. En tu licuadora, combina el queso crema con el jengibre y los demás ingredientes, licúa bien, divide en tazas pequeñas y sirve.

Nutrición: calorías 388, grasa 15.4, fibra 6, carbohidratos 14.3, proteína 6

Dip de yogur con pimentón

Tiempo de preparación: 5 minutos.
Tiempo de cocción: 0 minutos.
Porciones: 4

Ingredientes:
- 3 tazas de yogur descremado
- 2 cebolletas picadas
- 1 cucharadita de pimentón dulce
- ¼ de taza de almendras picadas
- ¼ taza de eneldo picado

Direcciones:
1. En un bol, combine el yogur con las cebollas y los demás ingredientes, bata, divida en bol y sirva.

Nutrición: calorías 181, grasa 12.2, fibra 6, carbohidratos 14,1, proteína 7

Salsa de coliflor

Tiempo de preparación: 5 minutos.
Tiempo de cocción: 0 minutos.
Porciones: 4

Ingredientes:
- 1 libra de floretes de coliflor, blanqueados
- 1 taza de aceitunas kalamata, sin hueso y cortadas por la mitad
- 1 taza de tomates cherry, cortados por la mitad
- 1 cucharada de aceite de oliva
- 1 cucharada de jugo de lima
- Una pizca de pimienta negra

Direcciones:
1. En un bol, combine la coliflor con las aceitunas y los demás ingredientes, mezcle y sirva.

Nutrición: calorías 139, grasa 4, fibra 3.6, carbohidratos 5.5, proteína 3.4

Crema de camarones

Tiempo de preparación: 5 minutos.
Tiempo de cocción: 0 minutos.
Porciones: 4

Ingredientes:
- 8 onzas de crema de coco
- 1 libra de camarones, cocidos, pelados, desvenados y picados
- 2 cucharadas de eneldo picado
- 2 cebolletas picadas
- 1 cucharada de cilantro picado
- Una pizca de pimienta negra

Direcciones:
1. En un bol, combine los camarones con la crema y los demás ingredientes, bata y sirva como untable de fiesta.

Nutrición: calorías 362, grasa 14.3, fibra 6, carbohidratos 14.6, proteína 5.9

Salsa de durazno

Tiempo de preparación: 4 minutos.
Tiempo de cocción: 0 minutos.
Porciones: 4

Ingredientes:
- 4 melocotones, sin hueso y en cubos
- 1 taza de aceitunas kalamata, sin hueso y cortadas por la mitad
- 1 aguacate, sin hueso, pelado y cortado en cubos
- 1 taza de tomates cherry, cortados por la mitad
- 1 cucharada de aceite de oliva
- 1 cucharada de jugo de lima
- 1 cucharada de cilantro picado

Direcciones:
1. En un bol, combine los duraznos con las aceitunas y los demás ingredientes, mezcle bien y sirva frío.

Nutrición: calorías 200, grasa 7.5, fibra 5, carbohidratos 13.3, proteína 4.9

Chips de zanahoria

Tiempo de preparación: 10 minutos.
Tiempo de cocción: 20 minutos.
Porciones: 4

Ingredientes:
- 4 zanahorias, en rodajas finas
- 2 cucharadas de aceite de oliva
- Una pizca de pimienta negra
- 1 cucharadita de pimentón dulce
- ½ cucharadita de cúrcuma en polvo
- Una pizca de hojuelas de pimiento rojo

Direcciones:
1. En un bol, combine los chips de zanahoria con el aceite y los demás ingredientes y mezcle.
2. Extienda las papas fritas en una bandeja para hornear forrada, hornee a 400 grados F durante 25 minutos, divida en tazones y sirva como bocadillo.

Nutrición: calorías 180, grasa 3, fibra 3.3, carbohidratos 5.8, proteína 1.3

Bocaditos de espárragos

Tiempo de preparación: 4 minutos.
Tiempo de cocción: 20 minutos.
Porciones: 4

Ingredientes:
- 2 cucharadas de aceite de coco derretido
- 1 libra de espárragos, cortados y cortados por la mitad
- 1 cucharadita de ajo en polvo
- 1 cucharadita de romero seco
- 1 cucharadita de chile en polvo

Direcciones:
1. En un tazón, mezcle los espárragos con el aceite y los otros ingredientes, mezcle, extienda en una bandeja para hornear forrada y hornee a 400 grados F durante 20 minutos.
2. Dividir en tazones y servir frío como refrigerio.

Nutrición: calorías 170, grasa 4.3, fibra 4, carbohidratos 7, proteína 4.5

Cuencos de higos al horno

Tiempo de preparación: 4 minutos.
Tiempo de cocción: 12 minutos.
Porciones: 4

Ingredientes:
- 8 higos, cortados por la mitad
- 1 cucharada de aceite de aguacate
- 1 cucharadita de nuez moscada molida

Direcciones:
1. En una fuente para asar combine los higos con el aceite y la nuez moscada, mezcle y hornee a 400 grados F durante 12 minutos.
2. Divide los higos en tazones pequeños y sírvelos como bocadillo.

Nutrición: calorías 180, grasa 4.3, fibra 2, carbohidratos 2, proteína 3.2

Salsa de Repollo y Camarones

Tiempo de preparación: 5 minutos.
Tiempo de cocción: 6 minutos.
Porciones: 4

Ingredientes:
- 2 tazas de col lombarda, rallada
- 1 libra de camarones, pelados y desvenados
- 1 cucharada de aceite de oliva
- Una pizca de pimienta negra
- 2 cebolletas picadas
- 1 taza de tomates en cubos
- ½ cucharadita de ajo en polvo

Direcciones:
1. Calienta una sartén con el aceite a fuego medio, agrega los camarones, revuelve y cocina por 3 minutos por cada lado.
2. En un bol, combine el repollo con los camarones y los demás ingredientes, mezcle, divida en tazones pequeños y sirva.

Nutrición: calorías 225, grasa 9.7, fibra 5.1, carbohidratos 11.4, proteína 4.5

Cuñas de aguacate

Tiempo de preparación: 5 minutos.
Tiempo de cocción: 10 minutos.
Porciones: 4

Ingredientes:
- 2 aguacates, pelados, sin hueso y cortados en gajos
- 1 cucharada de aceite de aguacate
- 1 cucharada de jugo de lima
- 1 cucharadita de cilantro molido

Direcciones:
1. Extienda las rodajas de aguacate en una bandeja para hornear forrada, agregue el aceite y los otros ingredientes, mezcle y hornee a 300 grados F durante 10 minutos.
2. Dividir en tazas y servir como refrigerio.

Nutrición: calorías 212, grasa 20.1, fibra 6.9, carbohidratos 9.8, proteína 2

Dip de limón

Tiempo de preparación: 4 minutos.
Tiempo de cocción: 0 minutos.
Porciones: 4

Ingredientes:
- 1 taza de queso crema bajo en grasa
- Pimienta negra al gusto
- ½ taza de jugo de limón
- 1 cucharada de cilantro picado
- 3 dientes de ajo picados

Direcciones:
1. En tu robot de cocina, mezcla el queso crema con el jugo de limón y los demás ingredientes, pulsa bien, divide en tazones y sirve.

Nutrición: calorías 213, grasa 20.5, fibra 0.2, carbohidratos 2.8, proteína 4.8

Dip de camote

Tiempo de preparación: 10 minutos.
Tiempo de cocción: 40 minutos.
Porciones: 4

Ingredientes:
- 1 taza de batatas, peladas y cortadas en cubos
- 1 cucharada de caldo de verduras bajo en sodio
- Spray para cocinar
- 2 cucharadas de crema de coco
- 2 cucharaditas de romero seco
- Pimienta negra al gusto

Direcciones:
1. En un molde para hornear, combine las papas con el caldo y los demás ingredientes, revuelva, hornee a 365 grados F por 40 minutos, transfiera a su licuadora, presione bien, divida en tazones pequeños y sirva

Nutrición: calorías 65, grasa 2.1, fibra 2, carbohidratos 11.3, proteína 0.8

Salsa De Frijoles

Tiempo de preparación: 5 minutos.
Tiempo de cocción: 0 minutos.
Porciones: 4

Ingredientes:
- 1 taza de frijoles negros enlatados, sin sal agregada, escurridos
- 1 taza de frijoles rojos enlatados, sin sal agregada, escurridos
- 1 cucharadita de vinagre balsámico
- 1 taza de tomates cherry, en cubos
- 1 cucharada de aceite de oliva
- 2 chalotas picadas

Direcciones:
1. En un bol, combine los frijoles con el vinagre y los demás ingredientes, mezcle y sirva como bocadillo de fiesta.

Nutrición: calorías 362, grasa 4.8, fibra 14.9, carbohidratos 61, proteína 21.4

Salsa De Frijoles Verdes

Tiempo de preparación: 10 minutos.
Tiempo de cocción: 10 minutos.
Porciones: 4

Ingredientes:
- 1 libra de judías verdes, cortadas y cortadas por la mitad
- 1 cucharada de aceite de oliva
- 2 cucharaditas de alcaparras, escurridas
- 6 onzas de aceitunas verdes, sin hueso y en rodajas
- 4 dientes de ajo picados
- 1 cucharada de jugo de lima
- 1 cucharada de orégano picado
- Pimienta negra al gusto

Direcciones:
1. Calienta una sartén con el aceite a fuego medio-alto, agrega el ajo y las judías verdes, revuelve y cocina por 3 minutos.
2. Agregue el resto de los ingredientes, mezcle, cocine por otros 7 minutos, divida en tazas pequeñas y sirva frío.

Nutrición: calorías 111, grasa 6.7, fibra 5.6, carbohidratos 13.2, proteína 2.9

Crema de zanahoria

Tiempo de preparación: 10 minutos.
Tiempo de cocción: 30 minutos.
Porciones: 4

Ingredientes:
- 1 libra de zanahorias, peladas y picadas
- ½ taza de nueces picadas
- 2 tazas de caldo de verduras bajo en sodio
- 1 taza de crema de coco
- 1 cucharada de romero picado
- 1 cucharadita de ajo en polvo
- ¼ de cucharadita de pimentón ahumado

Direcciones:
1. En una olla pequeña, mezcla las zanahorias con el caldo, las nueces y los demás ingredientes excepto la nata y el romero, revuelve, lleva a ebullición a fuego medio, cocina por 30 minutos, escurre y transfiere a una licuadora.
2. Agrega la nata, licúa bien la mezcla, divide en tazones, espolvorea el romero por encima y sirve.

Nutrición: calorías 201, grasa 8.7, fibra 3.4, carbohidratos 7.8, proteína 7.7

Salsa de tomate

Tiempo de preparación: 10 minutos.
Tiempo de cocción: 10 minutos.
Porciones: 4

Ingredientes:
- 1 libra de tomates, pelados y picados
- ½ taza de ajo picado
- 2 cucharadas de aceite de oliva
- Una pizca de pimienta negra
- 2 chalotas picadas
- 1 cucharadita de tomillo seco

Direcciones:
1. Calentar una sartén con el aceite a fuego medio-alto, agregar el ajo y las chalotas, remover y sofreír por 2 minutos.
2. Agrega los tomates y los demás ingredientes, cocina por 8 minutos más y transfiere a una licuadora.
3. Pulsar bien, dividir en tazas pequeñas y servir como refrigerio.

Nutrición: calorías 232, grasa 11.3, fibra 3.9, carbohidratos 7.9, proteína 4.5

Tazones de salmón

Tiempo de preparación: 10 minutos.
Tiempo de cocción: 0 minutos.
Porciones: 6

Ingredientes:
- 1 cucharada de aceite de aguacate
- 1 cucharada de vinagre balsámico
- ½ cucharadita de orégano seco
- 1 taza de salmón ahumado, sin sal agregada, deshuesado, sin piel y en cubos
- 1 taza de salsa
- 4 tazas de espinacas tiernas

Direcciones:
1. En un bol, combine el salmón con la salsa y los demás ingredientes, mezcle, divida en tazas pequeñas y sirva.

Nutrición: calorías 281, grasa 14,4, fibra 7,4, carbohidratos 18,7, proteína 7,4

Salsa de Tomate y Maíz

Tiempo de preparación: 4 minutos.
Tiempo de cocción: 0 minutos.
Porciones: 4

Ingredientes:
- 3 tazas de maíz
- 2 tazas de tomates, en cubos
- 2 cebollas verdes picadas
- 2 cucharadas de aceite de oliva
- 1 ají rojo picado
- ½ cucharada de cebollino picado

Direcciones:
1. En una ensaladera, combine los tomates con el elote y los demás ingredientes, mezcle y sirva frío como bocadillo.

Nutrición: calorías 178, grasa 8.6, fibra 4.5, carbohidratos 25.9, proteína 4.7

Champiñones al horno

Tiempo de preparación: 10 minutos.
Tiempo de cocción: 25 minutos.
Porciones: 4

Ingredientes:
- 1 libra de tapas de hongos pequeños
- 2 cucharadas de aceite de oliva
- 1 cucharada de cebollino picado
- 1 cucharada de romero picado
- Pimienta negra al gusto

Direcciones:
1. Ponga los champiñones en una fuente para asar, agregue el aceite y el resto de los ingredientes, mezcle, hornee a 400 grados F durante 25 minutos, divida en tazones y sirva como bocadillo.

Nutrición: calorías 215, grasa 12,3, fibra 6,7, carbohidratos 15,3, proteína 3,5

Frijoles para untar

Tiempo de preparación: 5 minutos.
Tiempo de cocción: 0 minutos.
Porciones: 4

Ingredientes:
- ½ taza de crema de coco
- 1 cucharada de aceite de oliva
- 2 tazas de frijoles negros enlatados, sin sal agregada, escurridos y enjuagados
- 2 cucharadas de cebollas verdes picadas

Direcciones:
1. En una licuadora, combine los frijoles con la crema y los demás ingredientes, presione bien, divida en tazones y sirva.

Nutrición: calorías 311, grasa 13.5, fibra 6, carbohidratos 18.0, proteína 8

Salsa de cilantro e hinojo

Tiempo de preparación: 5 minutos.
Tiempo de cocción: 0 minutos.
Porciones: 4

Ingredientes:
- 2 cebolletas picadas
- 2 bulbos de hinojo, triturados
- 1 ají verde picado
- 1 tomate picado
- 1 cucharadita de cúrcuma en polvo
- 1 cucharadita de jugo de lima
- 2 cucharadas de cilantro picado
- Pimienta negra al gusto

Direcciones:
1. En una ensaladera, mezcle el hinojo con la cebolla y los demás ingredientes, mezcle, divida en tazas y sirva.

Nutrición: calorías 310, grasa 11.5, fibra 5.1, carbohidratos 22.3, proteína 6.5

Bocaditos de coles de Bruselas

Tiempo de preparación: 10 minutos.
Tiempo de cocción: 25 minutos.
Porciones: 4

Ingredientes:
- 1 libra de coles de Bruselas, cortadas y cortadas por la mitad
- 2 cucharadas de aceite de oliva
- 1 cucharada de comino, molido
- 1 taza de eneldo picado
- 2 dientes de ajo picados

Direcciones:
1. En una fuente para asar, combine las coles de Bruselas con el aceite y los otros ingredientes, mezcle y hornee a 390 grados F durante 25 minutos.
2. Divida los brotes en tazones y sírvalos como bocadillo.

Nutrición: calorías 270, grasa 10,3, fibra 5,2, carbohidratos 11,1, proteína 6

Bocaditos de nueces balsámicas

Tiempo de preparación: 10 minutos.
Tiempo de cocción: 15 minutos.
Porciones: 4

Ingredientes:
- 2 tazas de nueces
- 3 cucharadas de vinagre rojo
- Un chorrito de aceite de oliva
- Una pizca de pimienta de cayena
- Una pizca de hojuelas de pimiento rojo
- Pimienta negra al gusto

Direcciones:
1. Extienda las nueces en una bandeja para hornear forrada, agregue el vinagre y los otros ingredientes, mezcle y ase a 400 grados F durante 15 minutos.
2. Divide las nueces en tazones y sírvelas.

Nutrición: calorías 280, grasa 12.2, fibra 2, carbohidratos 15.8, proteína 6

chips de rábano

Tiempo de preparación: 10 minutos.
Tiempo de cocción: 20 minutos.
Porciones: 4

Ingredientes:
- 1 libra de rábanos, en rodajas finas
- Una pizca de cúrcuma en polvo
- Pimienta negra al gusto
- 2 cucharadas de aceite de oliva

Direcciones:
1. Extienda los chips de rábano en una bandeja para hornear forrada, agregue el aceite y los otros ingredientes, mezcle y hornee a 400 grados F durante 20 minutos.
2. Divide las patatas fritas en tazones y sírvelas.

Nutrición: calorías 120, grasa 8.3, fibra 1, carbohidratos 3.8, proteína 6

Ensalada De Puerros Y Camarones

Tiempo de preparación: 4 minutos.
Tiempo de cocción: 0 minutos.
Porciones: 4

Ingredientes:
- 2 puerros, en rodajas
- 1 taza de cilantro picado
- 1 libra de camarones, pelados, desvenados y cocidos
- Zumo de 1 lima
- 1 cucharada de ralladura de lima rallada
- 1 taza de tomates cherry, cortados por la mitad
- 2 cucharadas de aceite de oliva
- Sal y pimienta negra al gusto

Direcciones:
1. En una ensaladera, mezcle los camarones con los puerros y los demás ingredientes, mezcle, divida en tazas pequeñas y sirva.

Nutrición: calorías 280, grasa 9.1, fibra 5.2, carbohidratos 12.6, proteína 5

Dip de puerros

Tiempo de preparación: 5 minutos.
Tiempo de cocción: 0 minutos.
Porciones: 4

Ingredientes:
- 1 cucharada de jugo de limón
- ½ taza de queso crema bajo en grasa
- 2 cucharadas de aceite de oliva
- Pimienta negra al gusto
- 4 puerros picados
- 1 cucharada de cilantro picado

Direcciones:
1. En una licuadora, combine el queso crema con los puerros y los demás ingredientes, presione bien, divida en tazones y sirva como salsa para fiestas.

Nutrición: calorías 300, grasa 12.2, fibra 7.6, carbohidratos 14.7, proteína 5.6

Ensalada de pimientos morrones

Tiempo de preparación: 5 minutos.
Tiempo de cocción: 0 minutos.
Porciones: 4

Ingredientes:
- ½ libra de pimiento rojo, cortado en tiras finas
- 3 cebollas verdes picadas
- 1 cucharada de aceite de oliva
- 2 cucharaditas de jengibre rallado
- ½ cucharadita de romero seco
- 3 cucharadas de vinagre balsámico

Direcciones:
1. En una ensaladera, mezcle los pimientos morrones con las cebollas y los demás ingredientes, mezcle, divida en tazas pequeñas y sirva.

Nutrición: calorías 160, grasa 6, fibra 3, carbohidratos 10,9, proteína 5,2

Crema de aguacate

Tiempo de preparación: 4 minutos.
Tiempo de cocción: 0 minutos.
Porciones: 4

Ingredientes:
- 2 cucharadas de eneldo picado
- 1 chalota picada
- 2 dientes de ajo picados
- 2 aguacates, pelados, sin hueso y picados
- 1 taza de crema de coco
- 2 cucharadas de aceite de oliva
- 2 cucharadas de jugo de lima
- Pimienta negra al gusto

Direcciones:
1. En una licuadora, combine los aguacates con las chalotas, el ajo y los demás ingredientes, presione bien, divida en tazones pequeños y sirva como botana.

Nutrición: calorías 300, grasa 22,3, fibra 6,4, carbohidratos 42, proteína 8,9

Salsa de maiz

Tiempo de preparación: 30 minutos.
Tiempo de cocción: 0 minutos.
Porciones: 4

Ingredientes:
- Una pizca de pimienta de cayena
- Una pizca de pimienta negra
- 2 tazas de maíz
- 1 taza de crema de coco
- 2 cucharadas de jugo de limón
- 2 cucharadas de aceite de aguacate

Direcciones:
1. En una licuadora, combine el maíz con la crema y los demás ingredientes, presione bien, divida en tazones y sirva como salsa para fiestas.

Nutrición: calorías 215, grasa 16.2, fibra 3.8, carbohidratos 18.4, proteína 4

Barras de frijoles

Tiempo de preparación: 2 horas.
Tiempo de cocción: 0 minutos.
Porciones: 12

Ingredientes:
- 1 taza de frijoles negros enlatados, sin sal agregada, escurridos
- 1 taza de hojuelas de coco, sin azúcar
- 1 taza de mantequilla descremada
- ½ taza de semillas de chía
- ½ taza de crema de coco

Direcciones:
1. En una licuadora, combine los frijoles con las hojuelas de coco y los demás ingredientes, pulse bien, extienda esto en un molde cuadrado, presione, guarde en el refrigerador por 2 horas, corte en barras medianas y sirva.

Nutrición: calorías 141, grasa 7, fibra 5, carbohidratos 16.2, proteína 5

Mezcla de semillas de calabaza y chips de manzana

Tiempo de preparación: 10 minutos.
Tiempo de cocción: 2 horas.
Porciones: 4

Ingredientes:
- Spray para cocinar
- 2 cucharaditas de nuez moscada molida
- 1 taza de semillas de calabaza
- 2 manzanas, sin corazón y en rodajas finas

Direcciones:
1. Colocar las semillas de calabaza y los chips de manzana en una bandeja para hornear forrada, espolvorear la nuez moscada por todas partes, engrasarlas con el spray, introducir en el horno y hornear a 300 grados F durante 2 horas.
2. Dividir en tazones y servir como refrigerio.

Nutrición: calorías 80, grasa 0, fibra 3, carbohidratos 7, proteína 4

Dip de Tomates y Yogur

Tiempo de preparación: 5 minutos.
Tiempo de cocción: 0 minutos.
Porciones: 4

Ingredientes:
- 2 tazas de yogur griego sin grasa
- 1 cucharada de perejil picado
- ¼ de taza de tomates enlatados, sin sal agregada, picados
- 2 cucharadas de cebolletas picadas
- Pimienta negra al gusto

Direcciones:
1. En un bol mezclar el yogur con el perejil y los demás ingredientes, batir bien, dividir en tazones pequeños y servir como salsa de fiesta.

Nutrición: calorías 78, grasa 0, fibra 0.2, carbohidratos 10.6, proteína 8.2

Cuencos de remolacha de cayena

Tiempo de preparación: 10 minutos.
Tiempo de cocción: 35 minutos.
Porciones: 2

Ingredientes:
- 1 cucharadita de pimienta de cayena
- 2 remolachas, peladas y en cubos
- 1 cucharadita de romero seco
- 1 cucharada de aceite de oliva
- 2 cucharaditas de jugo de lima

Direcciones:
1. En una fuente para asar, combine las picaduras de remolacha con la cayena y los demás ingredientes, mezcle, introduzca en el horno, ase a 355 grados F durante 35 minutos, divida en tazones pequeños y sirva como refrigerio.

Nutrición: calorías 170, grasa 12.2, fibra 7, carbohidratos 15.1, proteína 6

Tazones de nueces y pacanas

Tiempo de preparación: 10 minutos.
Tiempo de cocción: 10 minutos.
Porciones: 4

Ingredientes:
- 2 tazas de nueces
- 1 taza de nueces picadas
- 1 cucharadita de aceite de aguacate
- ½ cucharadita de pimentón dulce

Direcciones:
1. Extienda las uvas y las nueces en una bandeja para hornear forrada, agregue el aceite y el pimentón, mezcle y hornee a 400 grados F durante 10 minutos.
2. Dividir en tazones y servir como refrigerio.

Nutrición: calorías 220, grasa 12.4, fibra 3, carbohidratos 12.9, proteína 5.6

Muffins de salmón y perejil

Tiempo de preparación: 10 minutos.
Tiempo de cocción: 25 minutos.
Porciones: 4

Ingredientes:
- 1 taza de queso mozzarella bajo en grasa, rallado
- 8 onzas de salmón ahumado, sin piel, deshuesado y picado
- 1 taza de harina de almendras
- 1 huevo batido
- 1 cucharadita de perejil seco
- 1 diente de ajo picado
- Pimienta negra al gusto
- Spray para cocinar

Direcciones:
1. En un bol, combine el salmón con la mozzarella y los demás ingredientes excepto el aceite en aerosol y revuelva bien.
2. Divida esta mezcla en una bandeja para muffins engrasada con aceite en aerosol, hornee en el horno a 375 grados F durante 25 minutos y sirva como refrigerio.

Nutrición: calorías 273, grasa 17, fibra 3.5, carbohidratos 6.9, proteína 21.8

Pelotas de Squash

Tiempo de preparación: 10 minutos.
Tiempo de cocción: 20 minutos.
Porciones: 8

Ingredientes:
- Un chorrito de aceite de oliva
- 1 calabaza grande, pelada y picada
- 2 cucharadas de cilantro picado
- 2 huevos batidos
- ½ taza de harina integral
- Pimienta negra al gusto
- 2 chalotas picadas
- 2 dientes de ajo picados

Direcciones:
1. En un bol, mezcle la calabaza con el cilantro y los demás ingredientes excepto el aceite, revuelva bien y forme bolitas medianas con esta mezcla.
2. Colóquelos en una bandeja para hornear forrada, engrase con el aceite, hornee a 400 grados F durante 10 minutos por cada lado, divídalos en tazones y sirva.

Nutrición: calorías 78, grasa 3, fibra 0.9, carbohidratos 10.8, proteína 2.7

Tazones de cebolla con queso y perla

Tiempo de preparación: 10 minutos.
Tiempo de cocción: 30 minutos.
Porciones: 8

Ingredientes:
- 20 cebollas blancas peladas
- 3 cucharadas de perejil picado
- 1 cucharada de cebollino picado
- Pimienta negra al gusto
- 1 taza de mozzarella descremada, rallada
- 1 cucharada de aceite de oliva

Direcciones:
1. Extienda las cebollas perla en una bandeja para hornear forrada, agregue el aceite, el perejil, el cebollino y la pimienta negra y mezcle.
2. Espolvoree la mozzarella encima, hornee a 390 grados F durante 30 minutos, divida en tazones y sirva fría como refrigerio.

Nutrición: calorías 136, grasa 2.7, fibra 6, carbohidratos 25.9, proteína 4.1

Barras de brócoli

Tiempo de preparación: 10 minutos.
Tiempo de cocción: 25 minutos.
Porciones: 8

Ingredientes:
- 1 libra de floretes de brócoli, picados
- ½ taza de queso mozzarella bajo en grasa, rallado
- 2 huevos batidos
- 1 cucharadita de orégano seco
- 1 cucharadita de albahaca seca
- Pimienta negra al gusto

Direcciones:
1. En un bol mezclar el brócoli con el queso y los demás ingredientes, remover bien, extender en un molde rectangular y presionar bien en el fondo.
2. Introducir en el horno a 380 grados F, hornear por 25 minutos, cortar en barras y servir frío.

Nutrición: calorías 46, grasa 1.3, fibra 1.8, carbohidratos 4.2, proteína 5

Salsa de Piña y Tomate

Tiempo de preparación: 10 minutos.
Tiempo de cocción: 40 minutos.
Porciones: 4

Ingredientes:
- 20 onzas de piña enlatada, escurrida y en cubos
- 1 taza de tomates secados al sol, cortados en cubos
- 1 cucharada de albahaca picada
- 1 cucharada de aceite de aguacate
- 1 cucharadita de jugo de lima
- 1 taza de aceitunas negras, sin hueso y en rodajas
- Pimienta negra al gusto

Direcciones:
1. En un bol, combine los cubos de piña con los tomates y los demás ingredientes, mezcle, divida en tazas más pequeñas y sirva como bocadillo.

Nutrición: calorías 125, grasa 4.3, fibra 3.8, carbohidratos 23.6, proteína 1.5

Mezcla de pavo y alcachofas

Tiempo de preparación: 5 minutos.
Tiempo de cocción: 25 minutos.
Porciones: 4

Ingredientes:
- 2 cucharadas de aceite de oliva
- 1 pechuga de pavo, sin piel, deshuesada y en rodajas
- Una pizca de pimienta negra
- 1 cucharada de albahaca picada
- 3 dientes de ajo picados
- 14 onzas de alcachofas enlatadas, sin sal agregada, picadas
- 1 taza de crema de coco
- ¾ taza de mozzarella descremada, rallada

Direcciones:
1. Calienta una sartén con el aceite a fuego medio-alto, agrega la carne, el ajo y la pimienta negra, revuelve y cocina por 5 minutos.
2. Agrega el resto de los ingredientes excepto el queso, revuelve y cocina a fuego medio por 15 minutos.
3. Espolvorear el queso, cocinar todo por 5 minutos más, repartir en platos y servir.

Nutrición: calorías 300, grasa 22.2, fibra 7.2, carbohidratos 16.5, proteína 13.6

Mezcla de pavo con orégano

Tiempo de preparación: 10 minutos.
Tiempo de cocción: 30 minutos.
Porciones: 4

Ingredientes:
- 2 cucharadas de aceite de aguacate
- 1 cebolla morada picada
- 2 dientes de ajo picados
- Una pizca de pimienta negra
- 1 cucharada de orégano picado
- 1 pechuga de pavo grande, sin piel, deshuesada y en cubos
- 1 y ½ tazas de caldo de res bajo en sodio
- 1 cucharada de cebollino picado

Direcciones:
1. Calienta una sartén con el aceite a fuego medio, agrega la cebolla, revuelve y sofríe por 3 minutos.
2. Agrega el ajo y la carne, revuelve y cocina por 3 minutos más.
3. Agregue el resto de los ingredientes, mezcle, cocine todo a fuego medio durante 25 minutos, divida en platos y sirva.

Nutrición: calorías 76, grasa 2.1, fibra 1.7, carbohidratos 6.4, proteína 8.3

Pollo naranja

Tiempo de preparación: 10 minutos.
Tiempo de cocción: 35 minutos.
Porciones: 4

Ingredientes:
- 1 cucharada de aceite de aguacate
- 1 libra de pechuga de pollo, sin piel, deshuesada y cortada por la mitad
- 2 dientes de ajo picados
- 2 chalotas picadas
- ½ taza de jugo de naranja
- 1 cucharada de ralladura de naranja
- 3 cucharadas de vinagre balsámico
- 1 cucharadita de romero picado

Direcciones:
1. Calienta una sartén con el aceite a fuego medio-alto, agrega las chalotas y el ajo, revuelve y sofríe por 2 minutos.
2. Agregue la carne, mezcle suavemente y cocine por 3 minutos más.
3. Agregue el resto de los ingredientes, mezcle, introduzca la sartén en el horno y hornee a 340 grados F durante 30 minutos.
4. Dividir en platos y servir.

Nutrición: calorías 159, grasa 3.4, fibra 0.5, carbohidratos 5.4, proteína 24.6

Pavo al ajo y champiñones

Tiempo de preparación: 10 minutos.
Tiempo de cocción: 40 minutos.
Porciones: 4

Ingredientes:
- 1 pechuga de pavo, deshuesada, sin piel y en cubos
- ½ libra de champiñones blancos, cortados por la mitad
- 1/3 taza de aminoácidos de coco
- 2 dientes de ajo picados
- 2 cucharadas de aceite de oliva
- Una pizca de pimienta negra
- 2 cebollas verdes picadas
- 3 cucharadas de salsa de ajo
- 1 cucharada de romero picado

Direcciones:
1. Calentar una sartén con el aceite a fuego medio, agregar las cebolletas, la salsa de ajo y el ajo y sofreír por 5 minutos.
2. Agrega la carne y dórala por 5 minutos más.
3. Agrega el resto de los ingredientes, introduce en el horno y hornea a 390 grados F por 30 minutos.
4. Divida la mezcla entre platos y sirva.

Nutrición: calorías 154, grasa 8.1, fibra 1.5, carbohidratos 11.5, proteína 9.8

Sartén de Pollo y Aceitunas

Tiempo de preparación: 10 minutos.
Tiempo de cocción: 25 minutos.
Porciones: 4

Ingredientes:
- 1 libra de pechugas de pollo, sin piel, deshuesadas y cortadas en cubos
- Una pizca de pimienta negra
- 1 cucharada de aceite de aguacate
- 1 cebolla morada picada
- 1 taza de leche de coco
- 1 cucharada de jugo de limón
- 1 taza de aceitunas kalamata, sin hueso y en rodajas
- ¼ de taza de cilantro picado

Direcciones:
1. Calentar una sartén con el aceite a fuego medio-alto, agregar la cebolla y la carne y dorar por 5 minutos.
2. Agregue el resto de los ingredientes, mezcle, cocine a fuego lento y cocine a fuego medio durante 20 minutos más.
3. Dividir en platos y servir.

Nutrición: calorías 409, grasa 26,8, fibra 3,2, carbohidratos 8,3, proteína 34,9

Mezcla de pavo balsámico y melocotón

Tiempo de preparación: 10 minutos.
Tiempo de cocción: 25 minutos.
Porciones: 4

Ingredientes:
- 1 cucharada de aceite de aguacate
- 1 pechuga de pavo, sin piel, deshuesada y en rodajas
- Una pizca de pimienta negra
- 1 cebolla amarilla picada
- 4 melocotones, sin hueso y cortados en gajos
- ¼ taza de vinagre balsámico
- 2 cucharadas de cebolletas picadas

Direcciones:
1. Calentar una sartén con el aceite a fuego medio-alto, agregar la carne y la cebolla, remover y dorar por 5 minutos.
2. Agregue el resto de los ingredientes excepto las cebolletas, mezcle suavemente y hornee a 390 grados F durante 20 minutos.
3. Repartir todo entre platos y servir con el cebollino espolvoreado por encima.

Nutrición: calorías 123, grasa 1.6, fibra 3.3, carbohidratos 18.8, proteína 9.1

Pollo al coco y espinacas

Tiempo de preparación: 10 minutos.
Tiempo de cocción: 25 minutos.
Porciones: 4

Ingredientes:
- 1 cucharada de aceite de aguacate
- 1 libra de pechuga de pollo, sin piel, deshuesada y en cubos
- ½ cucharadita de albahaca seca
- Una pizca de pimienta negra
- ¼ de taza de caldo de verduras bajo en sodio
- 2 tazas de espinacas tiernas
- 2 chalotas picadas
- 2 dientes de ajo picados
- ½ cucharadita de pimentón dulce
- 2/3 taza de crema de coco
- 2 cucharadas de cilantro picado

Direcciones:
1. Calentar una sartén con el aceite a fuego medio-alto, agregar la carne, la albahaca, la pimienta negra y dorar por 5 minutos.
2. Agregue las chalotas y el ajo y cocine por otros 5 minutos.
3. Agregue el resto de los ingredientes, mezcle, lleve a fuego lento y cocine a fuego medio durante 15 minutos más.
4. Dividir en platos y servir caliente.

Nutrición: calorías 237, grasa 12.9, fibra 1.6, carbohidratos 4.7, proteína 25.8

Mezcla de pollo y espárragos

Tiempo de preparación: 10 minutos.
Tiempo de cocción: 25 minutos.
Porciones: 4

Ingredientes:
- 2 pechugas de pollo, sin piel, deshuesadas y en cubos
- 2 cucharadas de aceite de aguacate
- 2 cebolletas picadas
- 1 manojo de espárragos, cortados y cortados por la mitad
- ½ cucharadita de pimentón dulce
- Una pizca de pimienta negra
- 14 onzas de tomates enlatados, sin sal agregada, escurridos y picados

Direcciones:
1. Calentar una sartén con el aceite a fuego medio-alto, agregar la carne y las cebolletas, remover y cocinar por 5 minutos.
2. Agrega los espárragos y los demás ingredientes, revuelve, tapa la sartén y cocina a fuego medio por 20 minutos.
3. Divida todo entre platos y sirva.

Nutrición: calorías 171, grasa 6.4, fibra 2,6, carbohidratos 6.4, proteína 22.2

Pavo y Brócoli Cremoso

Tiempo de preparación: 10 minutos.
Tiempo de cocción: 25 minutos.
Porciones: 4

Ingredientes:
- 1 cucharada de aceite de oliva
- 1 pechuga de pavo grande, sin piel, deshuesada y en cubos
- 2 tazas de floretes de brócoli
- 2 chalotas picadas
- 2 dientes de ajo picados
- 1 cucharada de albahaca picada
- 1 cucharada de cilantro picado
- ½ taza de crema de coco

Direcciones:
1. Calentar una sartén con el aceite a fuego medio-alto, agregar la carne, las chalotas y el ajo, remover y dorar por 5 minutos.
2. Agrega el brócoli y los demás ingredientes, revuelve todo, cocina por 20 minutos a fuego medio, divide en platos y sirve.

Nutrición: calorías 165, grasa 11.5, fibra 2.1, carbohidratos 7.9, proteína 9.6

Mezcla de judías verdes con pollo y eneldo

Tiempo de preparación: 10 minutos.
Tiempo de cocción: 25 minutos.
Porciones: 4

Ingredientes:
- 2 cucharadas de aceite de oliva
- 10 onzas de ejotes, cortados y cortados por la mitad
- 1 cebolla amarilla picada
- 1 cucharada de eneldo picado
- 2 pechugas de pollo, sin piel, deshuesadas y cortadas por la mitad
- 2 tazas de salsa de tomate, sin sal agregada
- ½ cucharadita de hojuelas de pimiento rojo, triturado

Direcciones:
1. Calentar una sartén con el aceite a fuego medio-alto, agregar la cebolla y la carne y dorar durante 2 minutos por cada lado.
2. Agregue las judías verdes y los demás ingredientes, mezcle, introduzca en el horno y hornee a 380 grados F durante 20 minutos.
3. Dividir en platos y servir de inmediato.

Nutrición: calorías 391, grasa 17,8, fibra 5, carbohidratos 14,8, proteína 43,9

Calabacín con pollo y chile

Tiempo de preparación: 5 minutos.
Tiempo de cocción: 25 minutos.
Porciones: 4

Ingredientes:
- 1 libra de pechugas de pollo, sin piel, deshuesadas y en cubos
- 1 taza de caldo de pollo bajo en sodio
- 2 calabacines, cortados en cubos
- 1 cucharada de aceite de oliva
- 1 taza de tomates enlatados, sin sal agregada, picados
- 1 cebolla amarilla picada
- 1 cucharadita de chile en polvo
- 1 cucharada de cilantro picado

Direcciones:
1. Calentar una sartén con el aceite a fuego medio-alto, agregar la carne y la cebolla, remover y dorar por 5 minutos.
2. Agrega los calabacines y el resto de los ingredientes, mezcla suavemente, reduce el fuego a medio y cocina por 20 minutos.
3. Divida todo entre platos y sirva.

Nutrición: calorías 284, grasa 12,3, fibra 2,4, carbohidratos 8, proteína 35

Mezcla de aguacate y pollo

Tiempo de preparación: 10 minutos.
Tiempo de cocción: 20 minutos.
Porciones: 4

Ingredientes:
- 2 pechugas de pollo, sin piel, deshuesadas y cortadas por la mitad
- Jugo de ½ limón
- 2 cucharadas de aceite de oliva
- 2 dientes de ajo picados
- ½ taza de caldo de verduras bajo en sodio
- 1 aguacate, pelado, sin hueso y cortado en gajos
- Una pizca de pimienta negra

Direcciones:
1. Calentar una sartén con el aceite a fuego medio, agregar el ajo y la carne y dorar 2 minutos por cada lado.
2. Agrega el jugo de limón y los demás ingredientes, lleva a fuego lento y cocina a fuego medio durante 15 minutos.
3. Divida toda la mezcla entre platos y sirva.

Nutrición: calorías 436, grasa 27,3, fibra 3,6, carbohidratos 5,6, proteína 41,8

Pavo y Bok Choy

Tiempo de preparación: 10 minutos.
Tiempo de cocción: 20 minutos.
Porciones: 4

Ingredientes:
- 1 pechuga de pavo, deshuesada, sin piel y cortada en cubos
- 2 cebolletas picadas
- 1 libra de bok choy, desgarrado
- 2 cucharadas de aceite de oliva
- ½ cucharadita de jengibre rallado
- Una pizca de pimienta negra
- ½ taza de caldo de verduras bajo en sodio

Direcciones:
1. Calienta una olla con el aceite a fuego medio-alto, agrega las cebolletas y el jengibre y sofríe por 2 minutos.
2. Agrega la carne y dora por 5 minutos más.
3. Agregue el resto de los ingredientes, mezcle, cocine a fuego lento durante 13 minutos más, divida en platos y sirva.

Nutrición: calorías 125, grasa 8, fibra 1.7, carbohidratos 5.5, proteína 9.3

Pollo con Mezcla de Cebolla Roja

Tiempo de preparación: 10 minutos.
Tiempo de cocción: 25 minutos.
Porciones: 4

Ingredientes:
- 2 pechugas de pollo, sin piel, deshuesadas y cortadas en cubos
- 3 cebollas rojas, en rodajas
- 2 cucharadas de aceite de oliva
- 1 taza de caldo de verduras bajo en sodio
- Una pizca de pimienta negra
- 1 cucharada de cilantro picado
- 1 cucharada de cebollino picado

Direcciones:
1. Calentar una sartén con el aceite a fuego medio, agregar la cebolla y una pizca de pimienta negra, y sofreír durante 10 minutos revolviendo con frecuencia.
2. Agrega el pollo y cocina por 3 minutos más.
3. Agrega el resto de los ingredientes, lleva a fuego lento y cocina a fuego medio por 12 minutos más.
4. Divida la mezcla de pollo y cebolla entre platos y sirva.

Nutrición: calorías 364, grasa 17.5, fibra 2.1, carbohidratos 8.8, proteína 41.7

Arroz y Pavo Caliente

Tiempo de preparación: 10 minutos.
Tiempo de cocción: 42 minutos.
Porciones: 4

Ingredientes:
- 1 pechuga de pavo, sin piel, deshuesada y en cubos
- 1 taza de arroz blanco
- 2 tazas de caldo de verduras bajo en sodio
- 1 cucharadita de pimentón picante
- 2 chiles serranos pequeños, picados
- 2 dientes de ajo picados
- 2 cucharadas de aceite de oliva
- ½ pimiento morrón rojo picado
- Una pizca de pimienta negra

Direcciones:
1. Calienta una sartén con el aceite a fuego medio, agrega los chiles serranos y el ajo y sofríe por 2 minutos.
2. Agrega la carne y dórala por 5 minutos.
3. Agrega el arroz y los demás ingredientes, lleva a fuego lento y cocina a fuego medio durante 35 minutos.
4. Revuelva, divida entre platos y sirva.

Nutrición: calorías 271, grasa 7.7, fibra 1.7, carbohidratos 42, proteína 7.8

Pollo y puerro al limón

Tiempo de preparación: 10 minutos.
Tiempo de cocción: 40 minutos.
Porciones: 4

Ingredientes:
- 1 libra de pechuga de pollo, sin piel, deshuesada y en cubos
- Una pizca de pimienta negra
- 2 cucharadas de aceite de aguacate
- 1 cucharada de salsa de tomate, sin sal agregada
- 1 taza de caldo de verduras bajo en sodio
- 4 puerros, picados
- ½ taza de jugo de limón

Direcciones:
1. Calienta una sartén con el aceite a fuego medio, agrega los puerros, revuelve y sofríe por 10 minutos.
2. Agrega el pollo y los demás ingredientes, revuelve, cocina a fuego medio por 20 minutos más, divide en platos y sirve.

Nutrición: calorías 199, grasa 13,3, fibra 5, carbohidratos 7,6, proteína 17,4

Pavo con mezcla de col de Saboya

Tiempo de preparación: 10 minutos.
Tiempo de cocción: 35 minutos.
Porciones: 4

Ingredientes:
- 1 pechuga de pavo grande, sin piel, deshuesada y en cubos
- 1 taza de caldo de pollo bajo en sodio
- 1 cucharada de aceite de coco derretido
- 1 col de Saboya, rallada
- 1 cucharadita de chile en polvo
- 1 cucharadita de pimentón dulce
- 1 diente de ajo picado
- 1 cebolla amarilla picada
- Una pizca de sal y pimienta negra.

Direcciones:
1. Calentar una sartén con el aceite a fuego medio, agregar la carne y dorar por 5 minutos.
2. Agrega el ajo y la cebolla, revuelve y sofríe por 5 minutos más.
3. Agregue el repollo y los demás ingredientes, mezcle, cocine a fuego lento y cocine a fuego medio durante 25 minutos.
4. Divida todo entre platos y sirva.

Nutrición: calorías 299, grasa 14.5, fibra 5, carbohidratos 8.8, proteína 12.6

Pollo con Cebolletas de Pimentón

Tiempo de preparación: 10 minutos.
Tiempo de cocción: 30 minutos.
Porciones: 4

Ingredientes:
- 1 libra de pechuga de pollo, sin piel, deshuesada y en rodajas
- 4 cebolletas picadas
- 1 cucharada de aceite de oliva
- 1 cucharada de pimentón dulce
- 1 taza de caldo de pollo bajo en sodio
- 1 cucharada de jengibre rallado
- 1 cucharadita de orégano seco
- 1 cucharadita de comino, molido
- 1 cucharadita de pimienta de Jamaica, molida
- ½ taza de cilantro picado
- Una pizca de pimienta negra

Direcciones:
1. Calentar una sartén con el aceite a fuego medio, agregar las cebolletas y la carne y dorar por 5 minutos.
2. Agrega el resto de los ingredientes, revuelve, introduce en el horno y hornea a 390 grados F por 25 minutos.
3. Divida la mezcla de pollo y cebolletas entre platos y sirva.

Nutrición: calorías 295, grasa 12.5, fibra 6.9, carbohidratos 22.4, proteína 15.6

Salsa de Pollo y Mostaza

Tiempo de preparación: 10 minutos.
Tiempo de cocción: 35 minutos.
Porciones: 4

Ingredientes:
- 1 libra de muslos de pollo, deshuesados y sin piel
- 1 cucharada de aceite de aguacate
- 2 cucharadas de mostaza
- 1 chalota picada
- 1 taza de caldo de pollo bajo en sodio
- Una pizca de sal y pimienta negra.
- 3 dientes de ajo picados
- ½ cucharadita de albahaca seca

Direcciones:
1. Calentar una sartén con el aceite a fuego medio, agregar la chalota, el ajo y el pollo y dorar todo por 5 minutos.
2. Agregue la mostaza y el resto de los ingredientes, mezcle suavemente, lleve a fuego lento y cocine a fuego medio durante 30 minutos.
3. Divida todo entre platos y sirva caliente.

Nutrición: calorías 299, grasa 15.5, fibra 6.6, carbohidratos 30.3, proteína 12.5

Mezcla de pollo y apio

Tiempo de preparación: 10 minutos.
Tiempo de cocción: 35 minutos.
Porciones: 4

Ingredientes:
- Una pizca de pimienta negra
- 2 libras de pechuga de pollo, sin piel, deshuesada y en cubos
- 2 cucharadas de aceite de oliva
- 1 taza de apio picado
- 3 dientes de ajo picados
- 1 chile poblano, picado
- 1 taza de caldo de verduras bajo en sodio
- 1 cucharadita de chile en polvo
- 2 cucharadas de cebolletas picadas

Direcciones:
1. Calienta una sartén con el aceite a fuego medio, agrega el ajo, el apio y el chile poblano, revuelve y cocina por 5 minutos.
2. Agregue la carne, mezcle y cocine por otros 5 minutos.
3. Agrega el resto de los ingredientes excepto el cebollino, lleva a fuego lento y cocina a fuego medio por 25 minutos más.
4. Repartir toda la mezcla en platos y servir con el cebollino espolvoreado por encima.

Nutrición: calorías 305, grasa 18, fibra 13.4, carbohidratos 22.5, proteína 6

Pavo al Limón con Patatas Baby

Tiempo de preparación: 10 minutos.
Tiempo de cocción: 40 minutos.
Porciones: 4

Ingredientes:
- 1 pechuga de pavo, sin piel, deshuesada y en rodajas
- 2 cucharadas de aceite de oliva
- 1 libra de papas pequeñas, peladas y cortadas por la mitad
- 1 cucharada de pimentón dulce
- 1 cebolla amarilla picada
- 1 cucharadita de chile en polvo
- 1 cucharadita de romero seco
- 2 tazas de caldo de pollo bajo en sodio
- Una pizca de pimienta negra
- Ralladura de 1 lima rallada
- 1 cucharada de jugo de lima
- 1 cucharada de cilantro picado

Direcciones:
1. Calienta una sartén con el aceite a fuego medio, agrega la cebolla, el chile en polvo y el romero, revuelve y sofríe por 5 minutos.
2. Agrega la carne y dora por 5 minutos más.
3. Agrega las papas y el resto de los ingredientes excepto el cilantro, revuelve suavemente, lleva a fuego lento y cocina a fuego medio por 30 minutos.
4. Repartir la mezcla en platos y servir con el cilantro espolvoreado por encima.

Nutrición: calorías 345, grasa 22.2, fibra 12.3, carbohidratos 34.5, proteína 16.4

Pollo con Mostaza

Tiempo de preparación: 10 minutos.
Tiempo de cocción: 25 minutos.
Porciones: 4

Ingredientes:
- 2 pechugas de pollo, sin piel, deshuesadas y en cubos
- 3 tazas de hojas de mostaza
- 1 taza de tomates enlatados, sin sal agregada, picados
- 1 cebolla morada picada
- 2 cucharadas de aceite de aguacate
- 1 cucharadita de orégano seco
- 2 dientes de ajo picados
- 1 cucharada de cebollino picado
- 1 cucharada de vinagre balsámico
- Una pizca de pimienta negra

Direcciones:
1. Calentar una sartén con el aceite a fuego medio-alto, agregar la cebolla y el ajo y sofreír por 5 minutos.
2. Agrega la carne y dórala por 5 minutos más.
3. Agregue las verduras, los tomates y los demás ingredientes, mezcle, cocine por 20 minutos a fuego medio, divida en platos y sirva.

Nutrición: calorías 290, grasa 12.3, fibra 6.7, carbohidratos 22.30, proteína 14.3

Pollo al Horno y Manzanas

Tiempo de preparación: 10 minutos.
Tiempo de cocción: 50 minutos.
Porciones: 4

Ingredientes:
- 2 libras de muslos de pollo, deshuesados y sin piel
- 2 cucharadas de aceite de oliva
- 2 cebollas rojas, en rodajas
- Una pizca de pimienta negra
- 1 cucharadita de tomillo seco
- 1 cucharadita de albahaca seca
- 1 taza de manzanas verdes, sin corazón y cortadas en cubos
- 2 dientes de ajo picados
- 2 tazas de caldo de pollo bajo en sodio
- 1 cucharada de jugo de limón
- 1 taza de tomates en cubos
- 1 cucharada de cilantro picado

Direcciones:
1. Calienta una sartén con el aceite a fuego medio-alto, agrega la cebolla y el ajo, y sofríe por 5 minutos.
2. Agrega el pollo y dora por otros 5 minutos.
3. Agrega el tomillo, la albahaca y los demás ingredientes, revuelve suavemente, introduce en el horno y hornea a 390 grados F durante 40 minutos.
4. Divida la mezcla de pollo y manzanas entre platos y sirva.

Nutrición: calorías 290, grasa 12.3, fibra 4, carbohidratos 15.7, proteína 10

Pollo al Chipotle

Tiempo de preparación: 10 minutos.
Tiempo de cocción: 1 hora.
Porciones: 6

Ingredientes:
- 2 libras de muslos de pollo, deshuesados y sin piel
- 1 cebolla amarilla picada
- 2 cucharadas de aceite de oliva
- 3 dientes de ajo picados
- 1 cucharada de semillas de cilantro molidas
- 1 cucharadita de comino, molido
- 1 taza de caldo de pollo bajo en sodio
- 4 cucharadas de pasta de chile chipotle
- Una pizca de pimienta negra
- 1 cucharada de cilantro picado

Direcciones:
1. Calentar una sartén con el aceite a fuego medio, agregar la cebolla y el ajo y sofreír por 5 minutos.
2. Agrega la carne y dora por 5 minutos más.
3. Agrega el resto de los ingredientes, revuelve, introduce todo en el horno y hornea a 390 grados F por 50 minutos.
4. Divida toda la mezcla entre platos y sirva.

Nutrición: calorías 280, grasa 12.1, fibra 6.3, carbohidratos 15.7, proteína 12

Pavo con hierbas

Tiempo de preparación: 10 minutos.
Tiempo de cocción: 35 minutos.
Porciones: 4

Ingredientes:
- 1 pechuga de pavo grande, deshuesada, sin piel y en rodajas
- 1 cucharada de cebollino picado
- 1 cucharada de orégano picado
- 1 cucharada de albahaca picada
- 1 cucharada de cilantro picado
- 2 chalotas picadas
- 2 cucharadas de aceite de oliva
- 1 taza de caldo de pollo bajo en sodio
- 1 taza de tomates en cubos
- Sal y pimienta negra al gusto

Direcciones:
1. Calentar una sartén con el aceite a fuego medio, agregar las chalotas y la carne y dorar por 5 minutos.
2. Agregue las cebolletas y los demás ingredientes, mezcle, cocine a fuego lento y cocine a fuego medio durante 30 minutos.
3. Divida la mezcla entre platos y sirva.

Nutrición: calorías 290, grasa 11.9, fibra 5.5, carbohidratos 16.2, proteína 9

Salsa de pollo y jengibre

Tiempo de preparación: 10 minutos.
Tiempo de cocción: 35 minutos.
Porciones: 4

Ingredientes:
- 1 libra de pechuga de pollo, sin piel, deshuesada y en cubos
- 1 cucharada de jengibre rallado
- 1 cucharada de aceite de oliva
- 2 chalotas picadas
- 1 cucharada de vinagre balsámico
- Una pizca de pimienta negra
- ¾ taza de caldo de pollo bajo en sodio
- 1 cucharada de albahaca picada

Direcciones:
1. Calentar una sartén con el aceite a fuego medio, agregar las chalotas y el jengibre, remover y sofreír por 5 minutos.
2. Agregue el resto de los ingredientes excepto el pollo, mezcle, hierva a fuego lento y cocine por 5 minutos más.
3. Agregue el pollo, mezcle, cocine a fuego lento toda la mezcla durante 25 minutos, divida en platos y sirva.

Nutrición: calorías 294, grasa 15.5, fibra 3, carbohidratos 15.4, proteína 13.1

Pollo y Maíz

Tiempo de preparación: 10 minutos.
Tiempo de cocción: 35 minutos.
Porciones: 4

Ingredientes:
- 2 libras de pechuga de pollo, sin piel, deshuesada y cortada por la mitad
- 2 tazas de maíz
- 2 cucharadas de aceite de aguacate
- Una pizca de pimienta negra
- 1 cucharadita de pimentón ahumado
- 1 manojo de cebolletas picadas
- 1 taza de caldo de pollo bajo en sodio

Direcciones:
1. Calentar una sartén con el aceite a fuego medio-alto, agregar las cebolletas, remover y sofreír por 5 minutos.
2. Agrega el pollo y dóralo por 5 minutos más.
3. Agregue el maíz y los demás ingredientes, mezcle, introduzca la sartén en el horno y cocine a 390 grados F durante 25 minutos.
4. Divida la mezcla entre platos y sirva.

Nutrición: calorías 270, grasa 12.4, fibra 5.2, carbohidratos 12, proteína 9

Pavo al curry y quinua

Tiempo de preparación: 10 minutos.
Tiempo de cocción: 40 minutos.
Porciones: 4

Ingredientes:
- 1 libra de pechuga de pavo, sin piel, deshuesada y en cubos
- 1 cucharada de aceite de oliva
- 1 taza de quinua
- 2 tazas de caldo de pollo bajo en sodio
- 1 cucharada de jugo de lima
- 1 cucharada de perejil picado
- Una pizca de pimienta negra
- 1 cucharada de pasta de curry rojo

Direcciones:
1. Calentar una sartén con el aceite a fuego medio-alto, agregar la carne y dorarla por 5 minutos.
2. Agrega la quinua y el resto de los ingredientes, revuelve, lleva a fuego lento y cocina a fuego medio por 35 minutos.
3. Divida todo entre platos y sirva.

Nutrición: calorías 310, grasa 8.5, fibra 11, carbohidratos 30.4, proteína 16.3

Chirivías de pavo y comino

Tiempo de preparación: 10 minutos.
Tiempo de cocción: 40 minutos.
Porciones: 4

Ingredientes:
- 1 libra de pechuga de pavo, sin piel, deshuesada y en cubos
- 2 chirivías, peladas y cortadas en cubos
- 2 cucharaditas de comino molido
- 1 cucharada de perejil picado
- 2 cucharadas de aceite de aguacate
- 2 chalotas picadas
- 1 taza de caldo de pollo bajo en sodio
- 4 dientes de ajo picados
- Una pizca de pimienta negra

Direcciones:
1. Calienta una sartén con el aceite a fuego medio, agrega las chalotas y el ajo y sofríe por 5 minutos.
2. Agrega el pavo, revuelve y cocina por 5 minutos más.
3. Agregue las chirivías y los demás ingredientes, mezcle, cocine a fuego medio durante 30 minutos más, divida en platos y sirva.

Nutrición: calorías 284, grasa 18.2, fibra 4, carbohidratos 16.7, proteína 12.3

Garbanzos de pavo y cilantro

Tiempo de preparación: 10 minutos.
Tiempo de cocción: 40 minutos.
Porciones: 4

Ingredientes:
- 1 taza de garbanzos enlatados, sin sal agregada, escurridos
- 1 taza de caldo de pollo bajo en sodio
- 1 libra de pechuga de pavo, sin piel, deshuesada y en cubos
- Una pizca de pimienta negra
- 1 cucharadita de orégano seco
- 1 cucharadita de nuez moscada molida
- 2 cucharadas de aceite de oliva
- 1 cebolla amarilla picada
- 1 pimiento verde picado
- 1 taza de cilantro picado

Direcciones:
1. Calentar una sartén con el aceite a fuego medio, agregar la cebolla, el pimiento morrón y la carne y cocinar durante 10 minutos revolviendo con frecuencia.
2. Agregue el resto de los ingredientes, mezcle, cocine a fuego lento y cocine a fuego medio durante 30 minutos.
3. Divida la mezcla entre platos y sirva.

Nutrición: calorías 304, grasa 11.2, fibra 4.5, carbohidratos 22.2, proteína 17

Lentejas De Pavo Y Curry

Tiempo de preparación: 10 minutos.
Tiempo de cocción: 40 minutos.
Porciones: 4

Ingredientes:
- 2 libras de pechuga de pavo, sin piel, deshuesada y en cubos
- 1 taza de lentejas enlatadas, sin sal agregada, escurridas y enjuagadas
- 1 cucharada de pasta de curry verde
- 1 cucharadita de garam masala
- 2 cucharadas de aceite de oliva
- 1 cebolla amarilla picada
- 1 diente de ajo picado
- Una pizca de pimienta negra
- 1 cucharada de cilantro picado

Direcciones:
1. Calentar una sartén con el aceite a fuego medio, agregar la cebolla, el ajo y la carne y dorar durante 5 minutos revolviendo con frecuencia.
2. Agrega las lentejas y los demás ingredientes, lleva a fuego lento y cocina a fuego medio durante 35 minutos.
3. Divida la mezcla entre platos y sirva.

Nutrición: calorías 489, grasa 12.1, fibra 16.4, carbohidratos 42.4, proteína 51.5

Pavo con Frijoles y Aceitunas

Tiempo de preparación: 10 minutos.
Tiempo de cocción: 35 minutos.
Porciones: 4

Ingredientes:
- 1 taza de frijoles negros, sin sal agregada y escurridos
- 1 taza de aceitunas verdes, sin hueso y cortadas por la mitad
- 1 libra de pechuga de pavo, sin piel, deshuesada y en rodajas
- 1 cucharada de cilantro picado
- 1 taza de salsa de tomate, sin sal agregada
- 1 cucharada de aceite de oliva

Direcciones:
1. Engrase una fuente para hornear con el aceite, acomode las rodajas de pavo adentro, agregue los otros ingredientes también, introduzca en el horno y hornee a 380 grados F por 35 minutos.
2. Dividir en platos y servir.

Nutrición: calorías 331, grasa 6.4, fibra 9, carbohidratos 38.5, proteína 30.7

Quinoa con Pollo y Tomate

Tiempo de preparación: 10 minutos.
Tiempo de cocción: 35 minutos.
Porciones: 8

Ingredientes:
- 1 cucharada de aceite de oliva
- 2 libras de pechugas de pollo, sin piel, deshuesadas y cortadas por la mitad
- 1 cucharadita de romero, molido
- Una pizca de sal y pimienta negra.
- 2 chalotas picadas
- 1 cucharada de aceite de oliva
- 3 cucharadas de salsa de tomate baja en sodio
- 2 tazas de quinua, ya cocida

Direcciones:
1. Calentar una sartén con el aceite a fuego medio-alto, agregar la carne y las chalotas y dorar 2 minutos por cada lado.
2. Agregue el romero y los demás ingredientes, mezcle, introduzca en el horno y cocine a 370 grados F durante 30 minutos.
3. Divida la mezcla entre platos y sirva.

Nutrición: calorías 406, grasa 14.5, fibra 3.1, carbohidratos 28.1, proteína 39

Alitas De Pollo Con Pimienta De Jamaica

Tiempo de preparación: 10 minutos.
Tiempo de cocción: 20 minutos.
Porciones: 4

Ingredientes:
- 2 libras de alitas de pollo
- 2 cucharaditas de pimienta de Jamaica, molida
- 2 cucharadas de aceite de aguacate
- 5 dientes de ajo picados
- Pimienta negra al gusto
- 2 cucharadas de cebolletas picadas

Direcciones:
1. En un bol, combine las alitas de pollo con la pimienta de Jamaica y los demás ingredientes y mezcle bien.
2. Coloque las alitas de pollo en una fuente para hornear y hornee a 400 grados F durante 20 minutos.
3. Divida las alitas de pollo entre platos y sirva.

Nutrición: calorías 449, grasa 17,8, fibra 0,6, carbohidratos 2,4, proteína 66,1

Mezcla de camarones y piña

Tiempo de preparación: 10 minutos.
Tiempo de cocción: 10 minutos.
Porciones: 4

Ingredientes:
- 1 cucharada de aceite de oliva
- 1 libra de camarones, pelados y desvenados
- 1 taza de piña, pelada y en cubos
- Jugo de 1 limón
- Un manojo de perejil picado

Direcciones:
1. Calentar una sartén con el aceite a fuego medio, agregar los camarones y cocinar 3 minutos por cada lado.
2. Agrega el resto de los ingredientes, cocina todo por 4 minutos más, divide en tazones y sirve.

Nutrición: calorías 254, grasa 13,3, fibra 6, carbohidratos 14,9, proteína 11

Salmón y Aceitunas Verdes

Tiempo de preparación: 10 minutos.
Tiempo de cocción: 20 minutos.
Porciones: 4

Ingredientes:
- 1 cebolla amarilla picada
- 1 taza de aceitunas verdes, sin hueso y cortadas por la mitad
- 1 cucharadita de chile en polvo
- Pimienta negra al gusto
- 2 cucharadas de aceite de oliva
- ¼ de taza de caldo de verduras bajo en sodio
- 4 filetes de salmón, sin piel y deshuesados
- 2 cucharadas de cebolletas picadas

Direcciones:
1. Calienta una sartén con el aceite a fuego medio-alto, agrega la cebolla y sofríe por 3 minutos.
2. Agrega el salmón y cocina por 5 minutos por cada lado, agrega el resto de los ingredientes, cocina la mezcla por 5 minutos más, divide en platos y sirve.

Nutrición: calorías 221, grasa 12.1, fibra 5.4, carbohidratos 8.5, proteína 11.2

Salmón e Hinojo

Tiempo de preparación: 5 minutos.
Tiempo de cocción: 15 minutos.
Porciones: 4

Ingredientes:
- 4 filetes de salmón medianos, sin piel y deshuesados
- 1 bulbo de hinojo, picado
- ½ taza de caldo de verduras bajo en sodio
- 2 cucharadas de aceite de oliva
- Pimienta negra al gusto
- ¼ de taza de caldo de verduras bajo en sodio
- 1 cucharada de jugo de limón
- 1 cucharada de cilantro picado

Direcciones:
1. Calentar una sartén con el aceite a fuego medio, agregar el hinojo y cocinar por 3 minutos.
2. Agrega el pescado y dóralo durante 4 minutos por cada lado.
3. Agrega el resto de los ingredientes, cocina todo por 4 minutos más, divide en platos y sirve.

Nutrición: calorías 252, grasa 9.3, fibra 4.2, carbohidratos 12.3, proteína 9

Bacalao y Espárragos

Tiempo de preparación: 10 minutos.
Tiempo de cocción: 14 minutos.
Porciones: 4

Ingredientes:
- 1 cucharada de aceite de oliva
- 1 cebolla morada picada
- 1 libra de filetes de bacalao, deshuesados
- 1 manojo de espárragos, recortado
- Pimienta negra al gusto
- 1 taza de crema de coco
- 1 cucharada de cebollino picado

Direcciones:
1. Calentar una sartén con el aceite a fuego medio, agregar la cebolla y el bacalao y cocinar 3 minutos por cada lado.
2. Agrega el resto de los ingredientes, cocina todo por 8 minutos más, divide en platos y sirve.

Nutrición: calorías 254, grasa 12.1, fibra 5.4, carbohidratos 4.2, proteína 13.5

Camarones especiados

Tiempo de preparación: 5 minutos.
Tiempo de cocción: 8 minutos.
Porciones: 4

Ingredientes:
- 1 cucharadita de ajo en polvo
- 1 cucharadita de pimentón ahumado
- 1 cucharadita de comino, molido
- 1 cucharadita de pimienta de Jamaica, molida
- 2 cucharadas de aceite de oliva
- 2 libras de camarones, pelados y desvenados
- 1 cucharada de cebollino picado

Direcciones:
1. Calentar una sartén con el aceite a fuego medio, agregar los camarones, el ajo en polvo y los demás ingredientes, cocinar 4 minutos por cada lado, dividir en tazones y servir.

Nutrición: calorías 212, grasa 9.6, fibra 5.3, carbohidratos 12.7, proteína 15.4

Lubina y Tomates

Tiempo de preparación: 10 minutos.
Tiempo de cocción: 30 minutos.
Porciones: 4

Ingredientes:
- 2 cucharadas de aceite de oliva
- 2 libras de filetes de lubina, sin piel y deshuesados
- Pimienta negra al gusto
- 2 tazas de tomates cherry, cortados por la mitad
- 1 cucharada de cebollino picado
- 1 cucharada de ralladura de limón rallada
- ¼ de taza de jugo de limón

Direcciones:
1. Engrase una fuente para asar con el aceite y coloque el pescado en su interior.
2. Agrega los tomates y los demás ingredientes, introduce la sartén en el horno y hornea a 380 grados F por 30 minutos.
3. Divida todo entre platos y sirva.

Nutrición: calorías 272, grasa 6.9, fibra 6.2, carbohidratos 18.4, proteína 9

Camarones y Frijoles

Tiempo de preparación: 10 minutos.
Tiempo de cocción: 12 minutos.
Porciones: 4

Ingredientes:
- 1 libra de camarones, desvenados y pelados
- 1 cucharada de aceite de oliva
- Zumo de 1 lima
- 1 taza de frijoles negros enlatados, sin sal agregada, escurridos
- 1 chalota picada
- 1 cucharada de orégano picado
- 2 dientes de ajo picados
- Pimienta negra al gusto

Direcciones:
1. Calentar una sartén con el aceite a fuego medio-alto, agregar la chalota y el ajo, remover y cocinar por 3 minutos.
2. Agrega los camarones y cocina 2 minutos por cada lado.
3. Agrega los frijoles y los demás ingredientes, cocina todo a fuego medio por 5 minutos más, divide en tazones y sirve.

Nutrición: calorías 253, grasa 11.6, fibra 6, carbohidratos 14.5, proteína 13.5

Mezcla de camarones y rábano picante

Tiempo de preparación: 5 minutos.
Tiempo de cocción: 8 minutos.
Porciones: 4

Ingredientes:
- 1 libra de camarones, pelados y desvenados
- 2 chalotas picadas
- 1 cucharada de aceite de oliva
- 1 cucharada de cebollino picado
- 2 cucharaditas de rábano picante preparado
- ¼ taza de crema de coco
- Pimienta negra al gusto

Direcciones:
4. Calentar una sartén con el aceite a fuego medio, agregar las chalotas y el rábano picante, remover y sofreír por 2 minutos.
5. Agrega los camarones y los demás ingredientes, revuelve, cocina por 6 minutos más, divide en platos y sirve.

Nutrición: calorías 233, grasa 6, fibra 5, carbohidratos 11.9, proteína 5.4

Ensalada De Camarones Y Estragón

Tiempo de preparación: 4 minutos.
Tiempo de cocción: 0 minutos.
Porciones: 4

Ingredientes:
- 1 libra de camarones, cocidos, pelados y desvenados
- 1 cucharada de estragón picado
- 1 cucharada de alcaparras, escurridas
- 2 cucharadas de aceite de oliva
- Pimienta negra al gusto
- 2 tazas de espinacas tiernas
- 1 cucharada de vinagre balsámico
- 1 cebolla morada pequeña, en rodajas
- 2 cucharadas de jugo de limón

Direcciones:
4 En un bol, combine los camarones con el estragón y los demás ingredientes, mezcle y sirva.

Nutrición: calorías 258, grasa 12.4, fibra 6, carbohidratos 6.7, proteína 13.3

Mezcla de bacalao parmesano

Tiempo de preparación: 10 minutos.
Tiempo de cocción: 20 minutos.
Porciones: 4

Ingredientes:
- 4 filetes de bacalao deshuesados
- ½ taza de queso parmesano bajo en grasa, rallado
- 3 dientes de ajo picados
- 1 cucharada de aceite de oliva
- 1 cucharada de jugo de limón
- ½ taza de cebolla verde picada

Direcciones:
1. Calienta una sartén con el aceite a fuego medio, agrega el ajo y las cebolletas, revuelve y sofríe por 5 minutos.
2. Agrega el pescado y cuece durante 4 minutos por cada lado.
3. Agrega el jugo de limón, espolvorea el parmesano por encima, cocina todo por 2 minutos más, divide en platos y sirve.

Nutrición: calorías 275, grasa 22.1, fibra 5, carbohidratos 18.2, proteína 12

Mezcla de tilapia y cebolla morada

Tiempo de preparación: 10 minutos.
Tiempo de cocción: 15 minutos.
Porciones: 4

Ingredientes:
- 4 filetes de tilapia, deshuesados
- 2 cucharadas de aceite de oliva
- 1 cucharada de jugo de limón
- 2 cucharaditas de ralladura de limón rallada
- 2 cebollas rojas, picadas
- 3 cucharadas de cebolletas picadas

Direcciones:
1. Calienta una sartén con el aceite a fuego medio, agrega la cebolla, la ralladura de limón y el jugo de limón, revuelve y sofríe por 5 minutos.
2. Agrega el pescado y las cebolletas, cocina 5 minutos por cada lado, divide en platos y sirve.

Nutrición: calorías 254, grasa 18.2, fibra 5.4, carbohidratos 11.7, proteína 4.5

Ensalada de trucha

Tiempo de preparación: 6 minutos.
Tiempo de cocción: 0 minutos.
Porciones: 4

Ingredientes:
- 4 onzas de trucha ahumada, sin piel, deshuesada y en cubos
- 1 cucharada de jugo de lima
- 1/3 taza de yogur descremado
- 2 aguacates, pelados, sin hueso y en cubos
- 3 cucharadas de cebolletas picadas
- Pimienta negra al gusto
- 1 cucharada de aceite de oliva

Direcciones:
1. En un bol, combine la trucha con los aguacates y los demás ingredientes, mezcle y sirva.

Nutrición: calorías 244, grasa 9.45, fibra 5.6, carbohidratos 8.5, proteína 15

Trucha Balsámica

Tiempo de preparación: 5 minutos.
Tiempo de cocción: 15 minutos.
Porciones: 4

Ingredientes:
- 3 cucharadas de vinagre balsámico
- 2 cucharadas de aceite de oliva
- 4 filetes de trucha, deshuesados
- 3 cucharadas de perejil finamente picado
- 2 dientes de ajo picados

Direcciones:
1. Calentar una sartén con el aceite a fuego medio, agregar la trucha y cocinar durante 6 minutos por cada lado.
2. Agregue el resto de los ingredientes, cocine por 3 minutos más, divida en platos y sirva con una ensalada.

Nutrición: calorías 314, grasa 14.3, fibra 8.2, carbohidratos 14.8, proteína 11.2

Salmón con perejil

Tiempo de preparación: 5 minutos.
Tiempo de cocción: 12 minutos.
Porciones: 4

Ingredientes:
- 2 cebolletas picadas
- 2 cucharaditas de jugo de lima
- 1 cucharada de cebolletas picadas
- 1 cucharada de aceite de oliva
- 4 filetes de salmón, deshuesados
- Pimienta negra al gusto
- 2 cucharadas de perejil picado

Direcciones:
1. Calentar una sartén con el aceite a fuego medio, agregar las cebolletas, remover y sofreír por 2 minutos.
2. Agrega el salmón y los demás ingredientes, cocina 5 minutos por cada lado, divide en platos y sirve.

Nutrición: calorías 290, grasa 14.4, fibra 5.6, carbohidratos 15.6, proteína 9.5

Ensalada de Trucha y Verduras

Tiempo de preparación: 5 minutos.
Tiempo de cocción: 0 minutos.
Porciones: 4

Ingredientes:
- 2 cucharadas de aceite de oliva
- ½ taza de aceitunas kalamata, sin hueso y picadas
- Pimienta negra al gusto
- 1 libra de trucha ahumada, deshuesada, sin piel y en cubos
- ½ cucharadita de ralladura de limón rallada
- 1 cucharada de jugo de limón
- 1 taza de tomates cherry, cortados por la mitad
- ½ cebolla morada, en rodajas
- 2 tazas de rúcula tierna

Direcciones:
1. En un bol, combine la trucha ahumada con las aceitunas, la pimienta negra y el resto de ingredientes, mezcle y sirva.

Nutrición: calorías 282, grasa 13.4, fibra 5.3, carbohidratos 11.6, proteína 5.6

Salmón azafrán

Tiempo de preparación: 10 minutos.
Tiempo de cocción: 12 minutos.
Porciones: 4

Ingredientes:
- Pimienta negra al gusto
- ½ cucharadita de pimentón dulce
- 4 filetes de salmón, deshuesados
- 3 cucharadas de aceite de oliva
- 1 cebolla amarilla picada
- 2 dientes de ajo picados
- ¼ de cucharadita de azafrán en polvo

Direcciones:
1. Calienta una sartén con el aceite a fuego medio-alto, agrega la cebolla y el ajo, revuelve y sofríe por 2 minutos.
2. Agrega el salmón y los demás ingredientes, cocina 5 minutos por cada lado, divide en platos y sirve.

Nutrición: calorías 339, grasa 21.6, fibra 0.7, carbohidratos 3.2, proteína 35

Ensalada De Camarones Y Sandía

Tiempo de preparación: 10 minutos.
Tiempo de cocción: 0 minutos.
Porciones: 4

Ingredientes:
- ¼ taza de albahaca picada
- 2 tazas de sandía pelada y en cubos
- 2 cucharadas de vinagre balsámico
- 2 cucharadas de aceite de oliva
- 1 libra de camarones, pelados, desvenados y cocidos
- Pimienta negra al gusto
- 1 cucharada de perejil picado

Direcciones:
1. En un bol, combine los camarones con la sandía y los demás ingredientes, mezcle y sirva.

Nutrición: calorías 220, grasa 9, fibra 0.4, carbohidratos 7.6, proteína 26.4

Ensalada de camarones y quinoa al orégano

Tiempo de preparación: 5 minutos.
Tiempo de cocción: 8 minutos.
Porciones: 4

Ingredientes:
- 1 libra de camarones, pelados y desvenados
- 1 taza de quinua cocida
- Pimienta negra al gusto
- 1 cucharada de aceite de oliva
- 1 cucharada de orégano picado
- 1 cebolla morada picada
- Jugo de 1 limón

Direcciones:
1. Calienta una sartén con el aceite a fuego medio-alto, agrega la cebolla, revuelve y sofríe por 2 minutos.
2. Agrega los camarones, revuelve y cocina por 5 minutos.
3. Agrega el resto de los ingredientes, revuelve, divide todo en tazones y sirve.

Nutrición: calorías 336, grasa 8.2, fibra 4.1, carbohidratos 32.3, proteína 32.3

Ensalada de cangrejo

Tiempo de preparación: 10 minutos.
Tiempo de cocción: 0 minutos.
Porciones: 4

Ingredientes:
- 1 cucharada de aceite de oliva
- 2 tazas de carne de cangrejo
- Pimienta negra al gusto
- 1 taza de tomates cherry, cortados por la mitad
- 1 chalota picada
- 1 cucharada de jugo de limón
- 1/3 taza de cilantro picado

Direcciones:
1. En un bol, combine el cangrejo con los tomates y los demás ingredientes, mezcle y sirva.

Nutrición: calorías 54, grasa 3.9, fibra 0.6, carbohidratos 2.6, proteína 2.3

Vieiras Balsámicas

Tiempo de preparación: 4 minutos.
Tiempo de cocción: 6 minutos.
Porciones: 4

Ingredientes:
- 12 onzas de vieiras
- 2 cucharadas de aceite de oliva
- 2 dientes de ajo picados
- 1 cucharada de vinagre balsámico
- 1 taza de cebolletas, en rodajas
- 2 cucharadas de cilantro picado

Direcciones:
1. Calentar una sartén con el aceite a fuego medio, agregar las cebolletas y el ajo y sofreír durante 2 minutos.
2. Agrega las vieiras y el resto de ingredientes, cocínalas 2 minutos por cada lado, divide en platos y sirve.

Nutrición: calorías 146, grasa 7.7, fibra 0.7, carbohidratos 4.4, proteína 14.8

Mezcla cremosa de platija

Tiempo de preparación: 10 minutos.
Tiempo de cocción: 20 minutos.
Porciones: 4

Ingredientes:
- 2 cucharadas de aceite de oliva
- 1 cebolla morada picada
- Pimienta negra al gusto
- ½ taza de caldo de verduras bajo en sodio
- 4 filetes de platija, deshuesados
- ½ taza de crema de coco
- 1 cucharada de eneldo picado

Direcciones:
1. Calienta una sartén con el aceite a fuego medio, agrega la cebolla, revuelve y sofríe por 5 minutos.
2. Agrega el pescado y cuece durante 4 minutos por cada lado.
3. Agrega el resto de los ingredientes, cocina por 7 minutos más, divide en platos y sirve.

Nutrición: calorías 232, grasa 12,3, fibra 4, carbohidratos 8,7, proteína 12

Mezcla picante de salmón y mango

Tiempo de preparación: 5 minutos.
Tiempo de cocción: 0 minutos.
Porciones: 4

Ingredientes:
- 1 libra de salmón ahumado, deshuesado, sin piel y en copos
- Pimienta negra al gusto
- 1 cebolla morada picada
- 1 mango, pelado, sin semillas y picado
- 2 chiles jalapeños, picados
- ¼ taza de perejil picado
- 3 cucharadas de jugo de lima
- 1 cucharada de aceite de oliva

Direcciones:
2. En un bol mezclar el salmón con la pimienta negra y los demás ingredientes, mezclar y servir.

Nutrición: calorías 323, grasa 14.2, fibra 4, carbohidratos 8.5, proteína 20.4

Mezcla de camarones al eneldo

Tiempo de preparación: 5 minutos.
Tiempo de cocción: 0 minutos.
Porciones: 4

Ingredientes:
- 2 cucharaditas de jugo de limón
- 1 cucharada de aceite de oliva
- 1 cucharada de eneldo picado
- 1 libra de camarones, cocidos, pelados y desvenados
- Pimienta negra al gusto
- 1 taza de rábanos, en cubos

Direcciones:
1. En un bol, combine los camarones con el jugo de limón y los demás ingredientes, mezcle y sirva.

Nutrición: calorías 292, grasa 13, fibra 4.4, carbohidratos 8, proteína 16.4

Paté de salmón

Tiempo de preparación: 4 minutos.
Tiempo de cocción: 0 minutos.
Porciones: 6

Ingredientes:
- 6 onzas de salmón ahumado, deshuesado, sin piel y rallado
- 2 cucharadas de yogur descremado
- 3 cucharaditas de jugo de limón
- 2 cebolletas picadas
- 8 onzas de queso crema bajo en grasa
- ¼ de taza de cilantro picado

Direcciones:
1. En un bol mezclar el salmón con el yogur y los demás ingredientes, batir y servir frío.

Nutrición: calorías 272, grasa 15.2, fibra 4.3, carbohidratos 16.8, proteína 9.9

Camarones con Alcachofas

Tiempo de preparación: 4 minutos.
Tiempo de cocción: 8 minutos.
Porciones: 4

Ingredientes:
- 2 cebollas verdes picadas
- 1 taza de alcachofas enlatadas, sin sal agregada, escurridas y cortadas en cuartos
- 2 cucharadas de cilantro picado
- 1 libra de camarones, pelados y desvenados
- 1 taza de tomates cherry, en cubos
- 1 cucharada de aceite de oliva
- 1 cucharada de vinagre balsámico
- Una pizca de sal y pimienta negra.

Direcciones:
1. Calienta una sartén con el aceite a fuego medio, agrega la cebolla y las alcachofas, revuelve y cocina por 2 minutos.
2. Agrega los camarones, revuelve y cocina a fuego medio por 6 minutos.
3. Divida todo en tazones y sirva.

Nutrición: calorías 260, grasa 8.23, fibra 3.8, carbohidratos 14.3, proteína 12.4

Camarones con Salsa de Limón

Tiempo de preparación: 5 minutos.
Tiempo de cocción: 8 minutos.
Porciones: 4

Ingredientes:
- 1 libra de camarones, pelados y desvenados
- 2 cucharadas de aceite de oliva
- Ralladura de 1 limón rallado
- Jugo de ½ limón
- 1 cucharada de cebollino picado

Direcciones:
1. Calienta una sartén con el aceite a fuego medio-alto, agrega la ralladura de limón, el jugo de limón y el cilantro, revuelve y cocina por 2 minutos.
2. Agrega los camarones, cocina todo por 6 minutos más, divide en platos y sirve.

Nutrición: calorías 195, grasa 8.9, fibra 0, carbohidratos 1.8, proteína 25.9

Mezcla de atún y naranja

Tiempo de preparación: 5 minutos.
Tiempo de cocción: 12 minutos.
Porciones: 4

Ingredientes:
- 4 filetes de atún deshuesados
- Pimienta negra al gusto
- 2 cucharadas de aceite de oliva
- 2 chalotas picadas
- 3 cucharadas de jugo de naranja
- 1 naranja, pelada y cortada en gajos
- 1 cucharada de orégano picado

Direcciones:
1. Calienta una sartén con el aceite a fuego medio-alto, agrega las chalotas, revuelve y sofríe por 2 minutos.
2. Agrega el atún y los demás ingredientes, cocina todo por 10 minutos más, divide en platos y sirve.

Nutrición: calorías 457, grasa 38.2, fibra 1.6, carbohidratos 8.2, proteína 21.8

Salmón al curry

Tiempo de preparación: 10 minutos.
Tiempo de cocción: 20 minutos.
Porciones: 4

Ingredientes:
- 1 libra de filete de salmón, deshuesado y en cubos
- 3 cucharadas de pasta de curry rojo
- 1 cebolla morada picada
- 1 cucharadita de pimentón dulce
- 1 taza de crema de coco
- 1 cucharada de aceite de oliva
- Pimienta negra al gusto
- ½ taza de caldo de pollo bajo en sodio
- 3 cucharadas de albahaca picada

Direcciones:
1. Calienta una sartén con el aceite a fuego medio-alto, agrega la cebolla, el pimentón y la pasta de curry, revuelve y cocina por 5 minutos.
2. Agrega el salmón y los demás ingredientes, revuelve suavemente, cocina a fuego medio por 15 minutos, divide en tazones y sirve.

Nutrición: calorías 377, grasa 28,3, fibra 2,1, carbohidratos 8,5, proteína 23,9

Mezcla de salmón y zanahorias

Tiempo de preparación: 10 minutos.
Tiempo de cocción: 15 minutos.
Porciones: 4

Ingredientes:
- 4 filetes de salmón, deshuesados
- 1 cebolla morada picada
- 2 zanahorias en rodajas
- 2 cucharadas de aceite de oliva
- 2 cucharadas de vinagre balsámico
- Pimienta negra al gusto
- 2 cucharadas de cebolletas picadas
- ¼ de taza de caldo de verduras bajo en sodio

Direcciones:
1. Calienta una sartén con el aceite a fuego medio, agrega la cebolla y las zanahorias, revuelve y sofríe por 5 minutos.
2. Agrega el salmón y los demás ingredientes, cocina todo por 10 minutos más, divide en platos y sirve.

Nutrición: calorías 322, grasa 18, fibra 1.4, carbohidratos 6, proteína 35.2

Mezcla de Camarones y Piñones

Tiempo de preparación: 10 minutos.
Tiempo de cocción: 10 minutos.
Porciones: 4

Ingredientes:
- 1 libra de camarones, pelados y desvenados
- 2 cucharadas de piñones
- 1 cucharada de jugo de lima
- 2 cucharadas de aceite de oliva
- 3 dientes de ajo picados
- Pimienta negra al gusto
- 1 cucharada de tomillo picado
- 2 cucharadas de cebollino finamente picado

Direcciones:
1. Calienta una sartén con el aceite a fuego medio-alto, agrega el ajo, el tomillo, los piñones y el jugo de lima, revuelve y cocina por 3 minutos.
2. Agrega los camarones, la pimienta negra y el cebollino, revuelve, cocina por 7 minutos más, divide en platos y sirve.

Nutrición: calorías 290, grasa 13, fibra 4.5, carbohidratos 13.9, proteína 10

Chili Bacalao y Judías Verdes

Tiempo de preparación: 10 minutos.
Tiempo de cocción: 14 minutos.
Porciones: 4

Ingredientes:
- 4 filetes de bacalao deshuesados
- ½ libra de ejotes, cortados y cortados por la mitad
- 1 cucharada de jugo de lima
- 1 cucharada de ralladura de lima rallada
- 1 cebolla amarilla picada
- 2 cucharadas de aceite de oliva
- 1 cucharadita de comino, molido
- 1 cucharadita de chile en polvo
- ½ taza de caldo de verduras bajo en sodio
- Una pizca de sal y pimienta negra.

Direcciones:
1. Calienta una sartén con el aceite a fuego medio-alto, agrega la cebolla, revuelve y cocina por 2 minutos.
2. Agrega el pescado y cocínalo durante 3 minutos por cada lado.
3. Agrega las judías verdes y el resto de los ingredientes, mezcla suavemente, cocina por 7 minutos más, divide en platos y sirve.

Nutrición: calorías 220, grasa 13, carbohidratos 14.3, fibra 2.3, proteína 12

Vieiras al ajillo

Tiempo de preparación: 5 minutos.
Tiempo de cocción: 8 minutos.
Porciones: 4

Ingredientes:
- 12 vieiras
- 1 cebolla morada en rodajas
- 2 cucharadas de aceite de oliva
- ½ cucharadita de ajo picado
- 2 cucharadas de jugo de limón
- Pimienta negra al gusto
- 1 cucharadita de vinagre balsámico

Direcciones:
1. Calienta una sartén con el aceite a fuego medio, agrega la cebolla y el ajo y sofríe por 2 minutos.
2. Agrega las vieiras y los demás ingredientes, cocina a fuego medio por 6 minutos más, divide en platos y sirve caliente.

Nutrición: calorías 259, grasa 8, fibra 3, carbohidratos 5.7, proteína 7

Mezcla cremosa de lubina

Tiempo de preparación: 10 minutos.
Tiempo de cocción: 14 minutos.
Porciones: 4

Ingredientes:
- 4 filetes de lubina deshuesados
- 1 taza de crema de coco
- 1 cebolla amarilla picada
- 1 cucharada de jugo de lima
- 2 cucharadas de aceite de aguacate
- 1 cucharada de perejil picado
- Una pizca de pimienta negra

Direcciones:
1. Calienta una sartén con el aceite a fuego medio, agrega la cebolla, revuelve y sofríe por 2 minutos.
2. Agrega el pescado y cuece durante 4 minutos por cada lado.
3. Agrega el resto de los ingredientes, cocina todo por 4 minutos más, divide en platos y sirve.

Nutrición: calorías 283, grasa 12.3, fibra 5, carbohidratos 12.5, proteína 8

Mezcla de Lubina y Champiñones

Tiempo de preparación: 10 minutos.
Tiempo de cocción: 13 minutos.
Porciones: 4

Ingredientes:
- 4 filetes de lubina deshuesados
- 2 cucharadas de aceite de oliva
- Pimienta negra al gusto
- ½ taza de champiñones blancos, rebanados
- 1 cebolla morada picada
- 2 cucharadas de vinagre balsámico
- 3 cucharadas de cilantro picado

Direcciones:
1. Calentar una sartén con el aceite a fuego medio-alto, agregar la cebolla y los champiñones, remover y cocinar por 5 minutos.
2. Agrega el pescado y los demás ingredientes, cocina 4 minutos por cada lado, divide todo en platos y sirve.

Nutrición: calorías 280, grasa 12.3, fibra 8, carbohidratos 13.6, proteína 14.3

Sopa de salmón

Tiempo de preparación: 5 minutos.
Tiempo de cocción: 20 minutos.
Porciones: 4

Ingredientes:
- 1 libra de filetes de salmón, deshuesados, sin piel y en cubos
- 1 taza de cebolla amarilla picada
- 2 cucharadas de aceite de oliva
- Pimienta negra al gusto
- 2 tazas de caldo de verduras bajo en sodio
- 1 y ½ tazas de tomates picados
- 1 cucharada de albahaca picada

Direcciones:
1. Calienta una olla con el aceite a fuego medio, agrega la cebolla, revuelve y sofríe por 5 minutos.
2. Agrega el salmón y los demás ingredientes, lleva a fuego lento y cocina a fuego medio durante 15 minutos.
3. Divida la sopa en tazones y sirva.

Nutrición: calorías 250, grasa 12.2, fibra 5, carbohidratos 8.5, proteína 7

Camarones Nuez Moscada

Tiempo de preparación: 3 minutos.
Tiempo de cocción: 6 minutos.
Porciones: 4

Ingredientes:
- 1 libra de camarones, pelados y desvenados
- 2 cucharadas de aceite de oliva
- 1 cucharada de jugo de limón
- 1 cucharada de nuez moscada molida
- Pimienta negra al gusto
- 1 cucharada de cilantro picado

Direcciones:
1. Calienta una sartén con el aceite a fuego medio, agrega los camarones, el jugo de limón y los demás ingredientes, revuelve, cocina por 6 minutos, divide en tazones y sirve.

Nutrición: calorías 205, grasa 9.6, fibra 0.4, carbohidratos 2.7, proteína 26

Mezcla de camarones y bayas

Tiempo de preparación: 4 minutos.
Tiempo de cocción: 6 minutos.
Porciones: 4

Ingredientes:
- 1 libra de camarones, pelados y desvenados
- ½ taza de tomates, cortados en cubos
- 2 cucharadas de aceite de oliva
- 1 cucharada de vinagre balsámico
- ½ taza de fresas picadas
- Pimienta negra al gusto

Direcciones:
1. Calienta una sartén con el aceite a fuego medio, agrega los camarones, revuelve y cocina por 3 minutos.
2. Agregue el resto de los ingredientes, mezcle, cocine por 3-4 minutos más, divida en tazones y sirva.

Nutrición: calorías 205, grasa 9, fibra 0.6, carbohidratos 4, proteína 26.2

Trucha al limón al horno

Tiempo de preparación: 10 minutos.
Tiempo de cocción: 30 minutos.
Porciones: 4

Ingredientes:
- 4 truchas
- 1 cucharada de ralladura de limón rallada
- 2 cucharadas de aceite de oliva
- 2 cucharadas de jugo de limón
- Una pizca de pimienta negra
- 2 cucharadas de cilantro picado

Direcciones:
1. En una fuente para horno, combine el pescado con la ralladura de limón y los demás ingredientes y frote.
2. Hornee a 370 grados F durante 30 minutos, divida entre platos y sirva.

Nutrición: calorías 264, grasa 12,3, fibra 5, carbohidratos 7, proteína 11

Vieiras de cebollino

Tiempo de preparación: 3 minutos.
Tiempo de cocción: 4 minutos.
Porciones: 4

Ingredientes:
- 12 vieiras
- 2 cucharadas de aceite de oliva
- Pimienta negra al gusto
- 2 cucharadas de cebolletas picadas
- 1 cucharada de pimentón dulce

Direcciones:
1. Calentar una sartén con el aceite a fuego medio, agregar las vieiras, el pimentón y los demás ingredientes, y cocinar 2 minutos por cada lado.
2. Dividir en platos y servir con una ensalada.

Nutrición: calorías 215, grasa 6, fibra 5, carbohidratos 4.5, proteína 11

Albóndigas de atún

Tiempo de preparación: 10 minutos.
Tiempo de cocción: 30 minutos.
Porciones: 4

Ingredientes:
- 2 cucharadas de aceite de oliva
- 1 libra de atún, sin piel, deshuesado y picado
- 1 cebolla amarilla picada
- ¼ taza de cebollino picado
- 1 huevo batido
- 1 cucharada de harina de coco
- Una pizca de sal y pimienta negra.

Direcciones:
1. En un bol, mezcla el atún con la cebolla y los demás ingredientes excepto el aceite, revuelve bien y forma albóndigas medianas con esta mezcla.
2. Acomoda las albóndigas en una bandeja para horno, engrasa con el aceite, introduce en el horno a 350 grados F, cocina por 30 minutos, divide en platos y sirve.

Nutrición: calorías 291, grasa 14.3, fibra 5, carbohidratos 12.4, proteína 11

Sartén de salmón

Tiempo de preparación: 10 minutos.
Tiempo de cocción: 12 minutos.
Porciones: 4

Ingredientes:

- 4 filetes de salmón, deshuesados y cortados en cubos
- 2 cucharadas de aceite de oliva
- 1 pimiento rojo cortado en tiras
- 1 calabacín, cortado en cubos aproximadamente
- 1 berenjena, cortada en cubos
- 1 cucharada de jugo de limón
- 1 cucharada de eneldo picado
- ¼ de taza de caldo de verduras bajo en sodio
- 1 cucharadita de ajo en polvo
- Una pizca de pimienta negra

Direcciones:

1. Calienta una sartén con aceite a fuego medio-alto, agrega el pimiento morrón, el calabacín y la berenjena, revuelve y sofríe por 3 minutos.
2. Agrega el salmón y los demás ingredientes, mezcla suavemente, cocina todo por 9 minutos más, divide en platos y sirve.

Nutrición: calorías 348, grasa 18.4, fibra 5.3, carbohidratos 11.9, proteína 36.9

Mezcla de bacalao con mostaza

Tiempo de preparación: 10 minutos.
Tiempo de cocción: 25 minutos.
Porciones: 4

Ingredientes:
- 4 filetes de bacalao, sin piel y deshuesados
- Una pizca de pimienta negra
- 1 cucharadita de jengibre rallado
- 1 cucharada de mostaza
- 2 cucharadas de aceite de oliva
- 1 cucharadita de tomillo seco
- ¼ de cucharadita de comino molido
- 1 cucharadita de cúrcuma en polvo
- ¼ de taza de cilantro picado
- 1 taza de caldo de verduras bajo en sodio
- 3 dientes de ajo picados

Direcciones:
1. En una fuente para asar, combine el bacalao con la pimienta negra, el jengibre y los demás ingredientes, mezcle suavemente y hornee a 380 grados F durante 25 minutos.
2. Divida la mezcla entre platos y sirva.

Nutrición: calorías 176, grasa 9, fibra 1, carbohidratos 3.7, proteína 21.2

Mezcla de camarones y espárragos

Tiempo de preparación: 10 minutos.
Tiempo de cocción: 14 minutos.
Porciones: 4

Ingredientes:
- 1 manojo de espárragos, cortado por la mitad
- 1 libra de camarones, pelados y desvenados
- Pimienta negra al gusto
- 2 cucharadas de aceite de oliva
- 1 cebolla morada picada
- 2 dientes de ajo picados
- 1 taza de crema de coco

Direcciones:
1. Calienta una sartén con el aceite a fuego medio, agrega la cebolla, el ajo y los espárragos, revuelve y cocina por 4 minutos.
2. Agrega los camarones y los demás ingredientes, revuelve, cocina a fuego medio durante 10 minutos, divide todo en tazones y sirve.

Nutrición: calorías 225, grasa 6, fibra 3.4, carbohidratos 8.6, proteína 8

Bacalao y Guisantes

Tiempo de preparación: 10 minutos.
Tiempo de cocción: 20 minutos.
Porciones: 4

Ingredientes:
- 1 cebolla amarilla picada
- 2 cucharadas de aceite de oliva
- ½ taza de caldo de pollo bajo en sodio
- 4 filetes de bacalao, deshuesados, sin piel
- Pimienta negra al gusto
- 1 taza de guisantes

Direcciones:
1. Calentar una olla con el aceite a fuego medio, agregar la cebolla, remover y sofreír durante 4 minutos.
2. Agrega el pescado y cocínalo durante 3 minutos por cada lado.
3. Agrega los guisantes y los demás ingredientes, cocina todo por 10 minutos más, divide en platos y sirve.

Nutrición: calorías 240, grasa 8.4, fibra 2.7, carbohidratos 7.6, proteína 14

Tazones De Camarones Y Mejillones

Tiempo de preparación: 5 minutos.
Tiempo de cocción: 12 minutos.
Porciones: 4

Ingredientes:
- 1 libra de mejillones, lavados
- ½ taza de caldo de pollo bajo en sodio
- 1 libra de camarones, pelados y desvenados
- 2 chalotas picadas
- 1 taza de tomates cherry, en cubos
- 2 dientes de ajo picados
- 1 cucharada de aceite de oliva
- Jugo de 1 limón

Direcciones:
1. Calentar una sartén con el aceite a fuego medio, agregar las chalotas y el ajo y sofreír durante 2 minutos.
2. Agrega los camarones, los mejillones y el resto de ingredientes, cocina todo a fuego medio durante 10 minutos, divide en tazones y sirve.

Nutrición: calorías 240, grasa 4.9, fibra 2.4, carbohidratos 11.6, proteína 8

Crema de menta

Tiempo de preparación: 2 horas y 4 minutos

Tiempo de cocción: 0 minutos.
Porciones: 4

Ingredientes:
- 4 tazas de yogur descremado
- 1 taza de crema de coco
- 3 cucharadas de stevia
- 2 cucharaditas de ralladura de lima rallada
- 1 cucharada de menta picada

Direcciones:
1. En una licuadora, combine la nata con el yogur y el resto de ingredientes, licúe bien, divida en tazas y guarde en el refrigerador por 2 horas antes de servir.

Nutrición: calorías 512, grasa 14.3, fibra 1.5, carbohidratos 83.6, proteína 12.1

Pudin de frambuesas

Tiempo de preparación: 10 minutos.
Tiempo de cocción: 24 minutos.
Porciones: 4

Ingredientes:
- 1 taza de frambuesas
- 2 cucharaditas de azúcar de coco
- 3 huevos, batidos
- 1 cucharada de aceite de aguacate
- ½ taza de leche de almendras
- ½ taza de harina de coco
- ¼ de taza de yogur descremado

Direcciones:
1. En un bol, combine las frambuesas con el azúcar y los demás ingredientes excepto el aceite en aerosol y mezcle bien.
2. Engrase un molde para pudin con el aceite en aerosol, agregue la mezcla de frambuesas, unte, hornee en el horno a 400 grados F durante 24 minutos, divida en platos de postre y sirva.

Nutrición: calorías 215, grasa 11,3, fibra 3,4, carbohidratos 21,3, proteína 6,7

Barritas de almendras

Tiempo de preparación: 10 minutos.
Tiempo de cocción: 30 minutos.
Porciones: 4

Ingredientes:
- 1 taza de almendras trituradas
- 2 huevos batidos
- ½ taza de leche de almendras
- 1 cucharadita de extracto de vainilla
- 2/3 taza de azúcar de coco
- 2 tazas de harina integral
- 1 cucharadita de levadura en polvo
- Spray para cocinar

Direcciones:
1. En un bol, combine las almendras con los huevos y los demás ingredientes excepto el aceite en aerosol y revuelva bien.
2. Verter esto en una sartén cuadrada untada con aceite en aerosol, esparcir bien, hornear en el horno durante 30 minutos, enfriar, cortar en barras y servir.

Nutrición: calorías 463, grasa 22.5, fibra 11, carbohidratos 54.4, proteína 16.9

Mezcla de duraznos al horno

Tiempo de preparación: 10 minutos.
Tiempo de cocción: 30 minutos.
Porciones: 4

Ingredientes:
- 4 melocotones, sin hueso y cortados por la mitad
- 1 cucharada de azúcar de coco
- 1 cucharadita de extracto de vainilla
- ¼ de cucharadita de canela en polvo
- 1 cucharada de aceite de aguacate

Direcciones:
1. En un molde para hornear, combine los duraznos con el azúcar y los otros ingredientes, hornee a 375 grados F por 30 minutos, enfríe y sirva.

Nutrición: calorías 91, grasa 0.8, fibra 2.5, carbohidratos 19.2, proteína 1.7

Pastel De Nueces

Tiempo de preparación: 10 minutos.
Tiempo de cocción: 25 minutos.
Porciones: 8

Ingredientes:
- 3 tazas de harina de almendras
- 1 taza de azúcar de coco
- 1 cucharada de extracto de vainilla
- ½ taza de nueces picadas
- 2 cucharaditas de bicarbonato de sodio
- 2 tazas de leche de coco
- ½ taza de aceite de coco derretido

Direcciones:
1. En un bol, combine la harina de almendras con el azúcar y los demás ingredientes, batir bien, verter en un molde para pasteles, esparcir, introducir en el horno a 370 grados F, hornear por 25 minutos.
2. Dejar enfriar el bizcocho, cortar en rodajas y servir.

Nutrición: calorías 445, grasa 10, fibra 6.5, carbohidratos 31.4, proteína 23.5

Tarta de manzana

Tiempo de preparación: 10 minutos.
Tiempo de cocción: 30 minutos.
Porciones: 4

Ingredientes:
- 2 tazas de harina de almendras
- 1 cucharadita de bicarbonato de sodio
- 1 cucharadita de levadura en polvo
- ½ cucharadita de canela en polvo
- 2 cucharadas de azúcar de coco
- 1 taza de leche de almendras
- 2 manzanas verdes, sin corazón, peladas y picadas
- Spray para cocinar

Direcciones:
1. En un bol, combine la harina con el bicarbonato de sodio, las manzanas y los demás ingredientes excepto el aceite en aerosol, y bata bien.
2. Vierta esto en un molde para pasteles engrasado con el aceite en aerosol, extienda bien, introduzca en el horno y hornee a 360 grados F durante 30 minutos.
3. Enfriar el bizcocho, cortar en rodajas y servir.

Nutrición: calorías 332, grasa 22.4, fibra 9l.6, carbohidratos 22.2, proteína 12.3

Crema de canela

Tiempo de preparación: 2 horas.
Tiempo de cocción: 10 minutos.
Porciones: 4

Ingredientes:
- 1 taza de leche de almendras descremada
- 1 taza de crema de coco
- 2 tazas de azúcar de coco
- 2 cucharadas de canela en polvo
- 1 cucharadita de extracto de vainilla

Direcciones:
1. Calentar una sartén con la leche de almendras a fuego medio, agregar el resto de los ingredientes, batir y cocinar por 10 minutos más.
2. Dividir la mezcla en cuencos, enfriar y conservar en el frigorífico 2 horas antes de servir.

Nutrición: calorías 254, grasa 7.5, fibra 5, carbohidratos 16.4, proteína 9.5

Mezcla cremosa de fresas

Tiempo de preparación: 10 minutos.
Tiempo de cocción: 0 minutos.
Porciones: 4

Ingredientes:
- 1 cucharadita de extracto de vainilla
- 2 tazas de fresas picadas
- 1 cucharadita de azúcar de coco
- 8 onzas de yogur descremado

Direcciones:
1. En un bol, combine las fresas con la vainilla y los demás ingredientes, mezcle y sirva frío.

Nutrición: calorías 343, grasa 13.4, fibra 6, carbohidratos 15.43, proteína 5.5

Brownies de vainilla y nueces

Tiempo de preparación: 10 minutos.
Tiempo de cocción: 25 minutos.
Porciones: 8

Ingredientes:
- 1 taza de nueces picadas
- 3 cucharadas de azúcar de coco
- 2 cucharadas de cacao en polvo
- 3 huevos, batidos
- ¼ taza de aceite de coco derretido
- ½ cucharadita de levadura en polvo
- 2 cucharaditas de extracto de vainilla
- Spray para cocinar

Direcciones:
1. En su procesador de alimentos, combine las nueces con el azúcar de coco y los demás ingredientes, excepto el aceite en aerosol, y presione bien.
2. Engrasar una sartén cuadrada con aceite en aerosol, agregar la mezcla de brownies, untar, introducir en el horno, hornear a 350 grados F por 25 minutos, dejar enfriar, cortar en rodajas y servir.

Nutrición: calorías 370, grasa 14.3, fibra 3, carbohidratos 14.4, proteína 5.6

Pastel De Fresas

Tiempo de preparación: 10 minutos.
Tiempo de cocción: 25 minutos.
Porciones: 6

Ingredientes:
- 2 tazas de harina integral
- 1 taza de fresas picadas
- ½ cucharadita de bicarbonato de sodio
- ½ taza de azúcar de coco
- ¾ taza de leche de coco
- ¼ taza de aceite de coco derretido
- 2 huevos batidos
- 1 cucharadita de extracto de vainilla
- Spray para cocinar

Direcciones:
1. En un bol, combine la harina con las fresas y los demás ingredientes excepto el spray de coque y bata bien.
2. Engrase un molde para pasteles con aceite en aerosol, vierta la mezcla para pasteles, extienda, hornee en el horno a 350 grados F durante 25 minutos, enfríe, corte en rodajas y sirva.

Nutrición: calorías 465, grasa 22.1, fibra 4, carbohidratos 18.3, proteína 13.4

Budín de cacao

Tiempo de preparación: 10 minutos.
Tiempo de cocción: 10 minutos.
Porciones: 4

Ingredientes:
- 2 cucharadas de azúcar de coco
- 3 cucharadas de harina de coco
- 2 cucharadas de cacao en polvo
- 2 tazas de leche de almendras
- 2 huevos batidos
- ½ cucharadita de extracto de vainilla

Direcciones:
1. Poner la leche en una sartén, agregar el cacao y los demás ingredientes, batir, hervir a fuego medio durante 10 minutos, verter en tazas pequeñas y servir frío.

Nutrición: calorías 385, grasa 31,7, fibra 5,7, carbohidratos 21,6, proteína 7,3

Crema de nuez moscada y vainilla

Tiempo de preparación: 10 minutos.
Tiempo de cocción: 0 minutos.
Porciones: 6

Ingredientes:
- 3 tazas de leche descremada
- 1 cucharadita de nuez moscada molida
- 2 cucharaditas de extracto de vainilla
- 4 cucharaditas de azúcar de coco
- 1 taza de nueces picadas

Direcciones:
1. En un bol, combine la leche con la nuez moscada y los demás ingredientes, batir bien, dividir en tazas pequeñas y servir frío.

Nutrición: calorías 243, grasa 12.4, fibra 1.5, carbohidratos 21.1, proteína 9.7

Crema de aguacate

Tiempo de preparación: 1 hora y 10 minutos

Tiempo de cocción: 0 minutos.
Porciones: 4

Ingredientes:
- 2 tazas de crema de coco
- 2 aguacates, pelados, sin hueso y triturados
- 2 cucharadas de azúcar de coco
- 1 cucharadita de extracto de vainilla

Direcciones:
1. En una licuadora, combine la nata con los aguacates y el resto de ingredientes, pulse bien, divida en tazas y guarde en el refrigerador por 1 hora antes de servir.

Nutrición: calorías 532, grasa 48.2, fibra 9.4, carbohidratos 24.9, proteína 5.2

Crema de frambuesas

Tiempo de preparación: 10 minutos.
Tiempo de cocción: 25 minutos.
Porciones: 4

Ingredientes:
- 2 cucharadas de harina de almendras
- 1 taza de crema de coco
- 3 tazas de frambuesas
- 1 taza de azúcar de coco
- 8 onzas de queso crema bajo en grasa

Direcciones:
1. En un bol, la harina con la nata y los demás ingredientes, batir, pasar a una sartén redonda, cocinar a 360 grados F durante 25 minutos, dividir en tazones y servir.

Nutrición: calorías 429, grasa 36,3, fibra 7,7, carbohidratos 21,3, proteína 7,8

Ensalada de sandía

Tiempo de preparación: 4 minutos.
Tiempo de cocción: 0 minutos.
Porciones: 4

Ingredientes:
- 1 taza de sandía pelada y en cubos
- 2 manzanas, sin corazón y en cubos
- 1 cucharada de crema de coco
- 2 plátanos, cortados en trozos

Direcciones:
1. En un bol, combine la sandía con las manzanas y los demás ingredientes, mezcle y sirva.

Nutrición: calorías 131, grasa 1.3, fibra 4.5, carbohidratos 31.9, proteína 1.3

Mezcla de peras de coco

Tiempo de preparación: 10 minutos.
Tiempo de cocción: 10 minutos.
Porciones: 4

Ingredientes:
- 2 cucharaditas de jugo de lima
- ½ taza de crema de coco
- ½ taza de coco rallado
- 4 peras, sin corazón y en cubos
- 4 cucharadas de azúcar de coco

Direcciones:
1. En una sartén, combine las peras con el jugo de limón y los demás ingredientes, revuelva, lleve a fuego lento a fuego medio y cocine por 10 minutos.
2. Dividir en tazones y servir frío.

Nutrición: calorías 320, grasa 7.8, fibra 3, carbohidratos 6.4, proteína 4.7

Compota de Manzanas

Tiempo de preparación: 10 minutos.
Tiempo de cocción: 15 minutos.
Porciones: 4

Ingredientes:
- 5 cucharadas de azúcar de coco
- 2 tazas de jugo de naranja
- 4 manzanas, sin corazón y en cubos

Direcciones:
1. En una olla, combine las manzanas con el azúcar y el jugo de naranja, mezcle, hierva a fuego medio, cocine por 15 minutos, divida en tazones y sirva frío.

Nutrición: calorías 220, grasa 5.2, fibra 3, carbohidratos 5.6, proteína 5.6

Guiso de Albaricoques

Tiempo de preparación: 10 minutos.
Tiempo de cocción: 15 minutos.
Porciones: 4

Ingredientes:
- 2 tazas de albaricoques, cortados por la mitad
- 2 tazas de agua
- 2 cucharadas de azúcar de coco
- 2 cucharadas de jugo de limón

Direcciones:
1. En una olla, combine los albaricoques con el agua y los demás ingredientes, mezcle, cocine a fuego medio por 15 minutos, divida en tazones y sirva.

Nutrición: calorías 260, grasa 6.2, fibra 4.2, carbohidratos 5.6, proteína 6

Mezcla de melón y limón

Tiempo de preparación: 10 minutos.
Tiempo de cocción: 10 minutos.
Porciones: 4

Ingredientes:
- 2 tazas de melón, pelado y cortado en cubos
- 4 cucharadas de azúcar de coco
- 2 cucharaditas de extracto de vainilla
- 2 cucharaditas de jugo de limón

Direcciones:
1. En una sartén pequeña, combine el melón con el azúcar y los demás ingredientes, mezcle, caliente a fuego medio, cocine por unos 10 minutos, divida en tazones y sirva frío.

Nutrición: calorías 140, grasa 4, fibra 3.4, carbohidratos 6.7, proteína 5

Crema cremosa de ruibarbo

Tiempo de preparación: 10 minutos.
Tiempo de cocción: 14 minutos.
Porciones: 4

Ingredientes:
- 1/3 taza de queso crema bajo en grasa
- ½ taza de crema de coco
- 2 libras de ruibarbo, picado
- 3 cucharadas de azúcar de coco

Direcciones:
1. En una licuadora, combine el queso crema con la nata y los demás ingredientes y presione bien.
2. Dividir en tazas pequeñas, introducir en el horno y hornear a 350 grados F durante 14 minutos.
3. Servir frío.

Nutrición: calorías 360, grasa 14.3, fibra 4.4, carbohidratos 5.8, proteína 5.2

Cuencos de piña

Tiempo de preparación: 10 minutos.
Tiempo de cocción: 0 minutos.
Porciones: 4

Ingredientes:
- 3 tazas de piña pelada y en cubos
- 1 cucharadita de semillas de chía
- 1 taza de crema de coco
- 1 cucharadita de extracto de vainilla
- 1 cucharada de menta picada

Direcciones:
1. En un bol, combine la piña con la nata y los demás ingredientes, mezcle, divida en tazones más pequeños y guarde en el frigorífico durante 10 minutos antes de servir.

Nutrición: calorías 238, grasa 16.6, fibra 5.6, carbohidratos 22.8, proteína 3.3

Guiso de arándanos

Tiempo de preparación: 10 minutos.
Tiempo de cocción: 10 minutos.
Porciones: 4

Ingredientes:
- 2 cucharadas de jugo de limón
- 1 taza de agua
- 3 cucharadas de azúcar de coco
- 12 onzas de arándanos

Direcciones:
1. En una sartén, combine los arándanos con el azúcar y los demás ingredientes, lleve a fuego lento y cocine a fuego medio durante 10 minutos.
2. Dividir en tazones y servir.

Nutrición: calorías 122, grasa 0.4, fibra 2.1, carbohidratos 26.7, proteína 1.5

Pudín de lima

Tiempo de preparación: 10 minutos.
Tiempo de cocción: 15 minutos.
Porciones: 4

Ingredientes:
- 2 tazas de crema de coco
- Zumo de 1 lima
- Ralladura de 1 lima rallada
- 3 cucharadas de aceite de coco derretido
- 1 huevo batido
- 1 cucharadita de levadura en polvo

Direcciones:
1. En un bol, combine la nata con el jugo de lima y los demás ingredientes y bata bien.
2. Dividir en moldes pequeños, introducir en el horno y hornear a 360 grados F durante 15 minutos.
3. Sirve el pudín frío.

Nutrición: calorías 385, grasa 39.9, fibra 2.7, carbohidratos 8.2, proteína 4.2

Crema de melocotón

Tiempo de preparación: 10 minutos.
Tiempo de cocción: 0 minutos.
Porciones: 4

Ingredientes:
- 3 tazas de crema de coco
- 2 melocotones, sin hueso y picados
- 1 cucharadita de extracto de vainilla
- ½ taza de almendras picadas

Direcciones:
1. En una licuadora, combine la crema y los demás ingredientes, licúe bien, divida en tazones pequeños y sirva frío.

Nutrición: calorías 261, grasa 13, fibra 5.6, carbohidratos 7, proteína 5.4

Mezcla de ciruelas canela

Tiempo de preparación: 10 minutos.
Tiempo de cocción: 15 minutos.
Porciones: 4

Ingredientes:
- 1 libra de ciruelas, sin hueso y cortadas por la mitad
- 2 cucharadas de azúcar de coco
- ½ cucharadita de canela en polvo
- 1 taza de agua

Direcciones:
1. En una sartén, combine las ciruelas con el azúcar y los demás ingredientes, lleve a fuego lento y cocine a fuego medio durante 15 minutos.
2. Dividir en tazones y servir frío.

Nutrición: calorías 142, grasa 4, fibra 2.4, carbohidratos 14, proteína 7

Manzanas de Chia y Vainilla

Tiempo de preparación: 10 minutos.
Tiempo de cocción: 10 minutos.
Porciones: 4

Ingredientes:
- 2 tazas de manzanas, sin corazón y cortadas en gajos
- 2 cucharadas de semillas de chía
- 1 cucharadita de extracto de vainilla
- 2 tazas de jugo de manzana sin azúcar natural

Direcciones:
1. En una olla pequeña, combine las manzanas con las semillas de chía y los demás ingredientes, mezcle, cocine a fuego medio por 10 minutos, divida en tazones y sirva frío.

Nutrición: calorías 172, grasa 5.6, fibra 3.5, carbohidratos 10, proteína 4.4

Budín de Arroz y Peras

Tiempo de preparación: 10 minutos.
Tiempo de cocción: 25 minutos.
Porciones: 4

Ingredientes:
- 6 tazas de agua
- 1 taza de azúcar de coco
- 2 tazas de arroz negro
- 2 peras, sin corazón y en cubos
- 2 cucharaditas de canela en polvo

Direcciones:
1. Ponga el agua en una cacerola, caliéntela a fuego medio-alto, agregue el arroz, el azúcar y los demás ingredientes, revuelva, lleve a fuego lento, reduzca el fuego a medio y cocine por 25 minutos.
2. Dividir en tazones y servir frío.

Nutrición: calorías 290, grasa 13.4, fibra 4, carbohidratos 13.20, proteína 6.7

Guiso de ruibarbo

Tiempo de preparación: 10 minutos.
Tiempo de cocción: 15 minutos.
Porciones: 4

Ingredientes:
- 2 tazas de ruibarbo, picado
- 3 cucharadas de azúcar de coco
- 1 cucharadita de extracto de almendras
- 2 tazas de agua

Direcciones:
1. En una olla, combine el ruibarbo con los demás ingredientes, mezcle, hierva a fuego medio, cocine por 15 minutos, divida en tazones y sirva frío.

Nutrición: calorías 142, grasa 4.1, fibra 4.2, carbohidratos 7, proteína 4

Crema de ruibarbo

Tiempo de preparación: 1 hora.
Tiempo de cocción: 10 minutos.
Porciones: 4

Ingredientes:
- 2 tazas de crema de coco
- 1 taza de ruibarbo picado
- 3 huevos, batidos
- 3 cucharadas de azúcar de coco
- 1 cucharada de jugo de lima

Direcciones:
1. En una cacerola pequeña, combine la crema con el ruibarbo y los demás ingredientes, bata bien, cocine a fuego medio durante 10 minutos, licúe con una batidora de inmersión, divida en tazones y guarde en el refrigerador por 1 hora antes de servir.

Nutrición: calorías 230, grasa 8.4, fibra 2.4, carbohidratos 7.8, proteína 6

Ensalada de arándanos

Tiempo de preparación: 5 minutos.
Tiempo de cocción: 0 minutos.
Porciones: 4

Ingredientes:
- 2 tazas de arándanos
- 3 cucharadas de menta picada
- 1 pera, sin corazón y en cubos
- 1 manzana, sin corazón y en cubos
- 1 cucharada de azúcar de coco

Direcciones:
1. En un bol, combine los arándanos con la menta y los demás ingredientes, mezcle y sirva frío.

Nutrición: calorías 150, grasa 2.4, fibra 4, carbohidratos 6.8, proteína 6

Dátiles y Crema de Plátano

Tiempo de preparación: 5 minutos.
Tiempo de cocción: 0 minutos.
Porciones: 4

Ingredientes:
- 1 taza de leche de almendras
- 1 plátano, pelado y en rodajas
- 1 cucharadita de extracto de vainilla
- ½ taza de crema de coco
- dátiles, picados

Direcciones:
1. En una licuadora, combine los dátiles con el plátano y los demás ingredientes, pulse bien, divida en tazas pequeñas y sirva frío.

Nutrición: calorías 271, grasa 21.6, fibra 3.8, carbohidratos 21.2, proteína 2.7

Muffins de ciruela

Tiempo de preparación: 10 minutos.
Tiempo de cocción: 25 minutos.
Porciones: 12

Ingredientes:
- 3 cucharadas de aceite de coco derretido
- ½ taza de leche de almendras
- 4 huevos batidos
- 1 cucharadita de extracto de vainilla
- 1 taza de harina de almendras
- 2 cucharaditas de canela en polvo
- ½ cucharadita de levadura en polvo
- 1 taza de ciruelas, sin hueso y picadas

Direcciones:
1. En un bol, combine el aceite de coco con la leche de almendras y los demás ingredientes y bata bien.
2. Dividir en un molde para muffins, introducir en el horno a 350 grados F y hornear durante 25 minutos.
3. Sirve los muffins fríos.

Nutrición: calorías 270, grasa 3.4, fibra 4.4, carbohidratos 12, proteína 5

Cuencos de Ciruelas y Pasas

Tiempo de preparación: 10 minutos.
Tiempo de cocción: 20 minutos.
Porciones: 4

Ingredientes:
- ½ libra de ciruelas, sin hueso y cortadas por la mitad
- 2 cucharadas de azúcar de coco
- 4 cucharadas de pasas
- 1 cucharadita de extracto de vainilla
- 1 taza de crema de coco

Direcciones:
1. En una sartén, combine las ciruelas con el azúcar y los demás ingredientes, lleve a fuego lento y cocine a fuego medio durante 20 minutos.
2. Dividir en tazones y servir.

Nutrición: calorías 219, grasa 14.4, fibra 1.8, carbohidratos 21.1, proteína 2.2

Barras de semillas de girasol

Tiempo de preparación: 10 minutos.
Tiempo de cocción: 20 minutos.
Porciones: 6

Ingredientes:
- 1 taza de harina de coco
- ½ cucharadita de bicarbonato de sodio
- 1 cucharada de semillas de lino
- 3 cucharadas de leche de almendras
- 1 taza de pipas de girasol
- 2 cucharadas de aceite de coco derretido
- 1 cucharadita de extracto de vainilla

Direcciones:
1. En un bol mezclar la harina con el bicarbonato de sodio y los demás ingredientes, remover muy bien, extender en una bandeja para hornear, presionar bien, hornear en el horno a 350 grados F por 20 minutos, dejar enfriar a un lado, cortar en barras y servir.

Nutrición: calorías 189, grasa 12.6, fibra 9.2, carbohidratos 15.7, proteína 4.7

Tazones de moras y anacardos

Tiempo de preparación: 10 minutos.

Tiempo de cocción: 0 minutos.

Porciones: 4

Ingredientes:

- 1 taza de nueces de la India
- 2 tazas de moras
- ¾ taza de crema de coco
- 1 cucharadita de extracto de vainilla
- 1 cucharada de azúcar de coco

Direcciones:

1. En un tazón, combine los anacardos con las bayas y los demás ingredientes, mezcle, divida en tazones pequeños y sirva.

Nutrición: calorías 230, grasa 4, fibra 3.4, carbohidratos 12.3, proteína 8

Tazones de naranja y mandarinas

Tiempo de preparación: 4 minutos.
Tiempo de cocción: 8 minutos.
Porciones: 4

Ingredientes:
- 4 naranjas, peladas y cortadas en gajos
- 2 mandarinas, peladas y cortadas en gajos
- Zumo de 1 lima
- 2 cucharadas de azúcar de coco
- 1 taza de agua

Direcciones:
1. En una sartén, combine las naranjas con las mandarinas y los demás ingredientes, lleve a fuego lento y cocine a fuego medio durante 8 minutos.
2. Dividir en tazones y servir frío.

Nutrición: calorías 170, grasa 2.3, fibra 2.3, carbohidratos 11, proteína 3.4

Crema de calabaza

Tiempo de preparación: 2 horas.
Tiempo de cocción: 0 minutos.
Porciones: 4

Ingredientes:
- 2 tazas de crema de coco
- 1 taza de puré de calabaza
- 14 onzas de crema de coco
- 3 cucharadas de azúcar de coco

Direcciones:
1. En un bol, combinar la nata con el puré de calabaza y el resto de ingredientes, batir bien, dividir en tazones pequeños y conservar en el frigorífico 2 horas antes de servir.

Nutrición: calorías 350, grasa 12.3, fibra 3, carbohidratos 11.7, proteína 6

Mezcla de higos y ruibarbo

Tiempo de preparación: 6 minutos.
Tiempo de cocción: 14 minutos.
Porciones: 4

Ingredientes:
- 2 cucharadas de aceite de coco derretido
- 1 taza de ruibarbo, picado
- 12 higos, cortados por la mitad
- ¼ taza de azúcar de coco
- 1 taza de agua

Direcciones:
1. Calentar una sartén con el aceite a fuego medio, agregar los higos y el resto de los ingredientes, mezclar, cocinar por 14 minutos, dividir en tazas pequeñas y servir frío.

Nutrición: calorías 213, grasa 7.4, fibra 6.1, carbohidratos 39, proteína 2.2

Plátano especiado

Tiempo de preparación: 4 minutos.
Tiempo de cocción: 15 minutos.
Porciones: 4

Ingredientes:
- 4 plátanos, pelados y cortados por la mitad
- 1 cucharadita de nuez moscada molida
- 1 cucharadita de canela en polvo
- Zumo de 1 lima
- 4 cucharadas de azúcar de coco

Direcciones:
1. Coloca los plátanos en un molde para hornear, agrega la nuez moscada y los demás ingredientes, hornea a 350 grados F por 15 minutos.
2. Divida los plátanos horneados entre platos y sirva.

Nutrición: calorías 206, grasa 0.6, fibra 3.2, carbohidratos 47.1, proteína 2.4

Batido de cacao

Tiempo de preparación: 5 minutos.
Tiempo de cocción: 0 minutos.
Porciones: 2

Ingredientes:

- 2 cucharaditas de cacao en polvo
- 1 aguacate, sin hueso, pelado y machacado
- 1 taza de leche de almendras
- 1 taza de crema de coco

Direcciones:

1. En tu licuadora, combina la leche de almendras con la nata y los demás ingredientes, pulsa bien, divide en tazas y sirve frío.

Nutrición: calorías 155, grasa 12,3, fibra 4, carbohidratos 8,6, proteína 5

Barras de plátano

Tiempo de preparación: 30 minutos.

Tiempo de cocción: 0 minutos.

Porciones: 4

Ingredientes:

- 1 taza de aceite de coco derretido
- 2 plátanos, pelados y picados
- 1 aguacate, pelado, deshuesado y triturado
- ½ taza de azúcar de coco
- ¼ de taza de jugo de lima
- 1 cucharadita de ralladura de limón rallada
- Spray para cocinar

Direcciones:

1. En su procesador de alimentos, mezcle los plátanos con el aceite y los demás ingredientes, excepto el aceite en aerosol, y presione bien.
2. Engrasar una sartén con el aceite en aerosol, verter y esparcir la mezcla de plátano, esparcir, conservar en la nevera 30 minutos, cortar en barras y servir.

Nutrición: calorías 639, grasa 64.6, fibra 4.9, carbohidratos 20.5, proteína 1.7

Barras de té verde y dátiles

Tiempo de preparación: 10 minutos.
Tiempo de cocción: 30 minutos.
Porciones: 8

Ingredientes:
- 2 cucharadas de té verde en polvo
- 2 tazas de leche de coco calentada
- ½ taza de aceite de coco derretido
- 2 tazas de azúcar de coco
- 4 huevos batidos
- 2 cucharaditas de extracto de vainilla
- 3 tazas de harina de almendras
- 1 cucharadita de bicarbonato de sodio
- 2 cucharaditas de polvo de hornear

Direcciones:
1. En un bol, combine la leche de coco con el té verde en polvo y el resto de los ingredientes, revuelva bien, vierta en una sartén cuadrada, extienda, introduzca en el horno, hornee a 350 grados F por 30 minutos, enfríe, corte en barras y servir.

Nutrición: calorías 560, grasa 22.3, fibra 4, carbohidratos 12.8, proteína 22.1

Crema de nueces

Tiempo de preparación: 2 horas.
Tiempo de cocción: 0 minutos.
Porciones: 4

Ingredientes:
- 2 tazas de leche de almendras
- ½ taza de crema de coco
- ½ taza de nueces picadas
- 3 cucharadas de azúcar de coco
- 1 cucharadita de extracto de vainilla

Direcciones:
1. En un bol, combinar la leche de almendras con la nata y el resto de ingredientes, batir bien, dividir en tazas y conservar en el frigorífico 2 horas antes de servir.

Nutrición: calorías 170, grasa 12.4, fibra 3, carbohidratos 12.8, proteína 4

Pastel de limón

Tiempo de preparación: 10 minutos.
Tiempo de cocción: 35 minutos.
Porciones: 6

Ingredientes:
- 2 tazas de harina integral
- 1 cucharadita de levadura en polvo
- 2 cucharadas de aceite de coco derretido
- 1 huevo batido
- 3 cucharadas de azúcar de coco
- 1 taza de leche de almendras
- Ralladura de 1 limón rallado
- Jugo de 1 limón

Direcciones:
1. En un tazón, combine la harina con el aceite y los demás ingredientes, mezcle bien, transfiera esto a un molde para pasteles y hornee a 360 grados F durante 35 minutos.
2. Cortar y servir frío.

Nutrición: calorías 222, grasa 12.5, fibra 6.2, carbohidratos 7, proteína 17.4

Barras de pasas

Tiempo de preparación: 10 minutos.
Tiempo de cocción: 25 minutos.
Porciones: 6

Ingredientes:
- 1 cucharadita de canela en polvo
- 2 tazas de harina de almendras
- 1 cucharadita de levadura en polvo
- ½ cucharadita de nuez moscada molida
- 1 taza de aceite de coco derretido
- 1 taza de azúcar de coco
- 1 huevo batido
- 1 taza de pasas

Direcciones:
1. En un bol, combine la harina con la canela y los demás ingredientes, revuelva bien, extienda en una bandeja para hornear forrada, introduzca en el horno, hornee a 380 grados F por 25 minutos, corte en barras y sirva frío.

Nutrición: calorías 274, grasa 12, fibra 5.2, carbohidratos 14.5, proteína 7

Cuadrados de nectarinas

Tiempo de preparación: 10 minutos.
Tiempo de cocción: 20 minutos.
Porciones: 4

Ingredientes:
- 3 nectarinas, sin hueso y picadas
- 1 cucharada de azúcar de coco
- ½ cucharadita de bicarbonato de sodio
- 1 taza de harina de almendras
- 4 cucharadas de aceite de coco derretido
- 2 cucharadas de cacao en polvo

Direcciones:
1. En una licuadora, combina las nectarinas con el azúcar y el resto de los ingredientes, pulsa bien, vierte en un molde cuadrado forrado, extiende, hornea en el horno a 375 grados F por 20 minutos, deja la mezcla a un lado para que se enfríe un poco. , Cortar en cuadrados y servir.

Nutrición: calorías 342, grasa 14.4, fibra 7.6, carbohidratos 12, proteína 7.7

Guiso de uvas

Tiempo de preparación: 10 minutos.
Tiempo de cocción: 20 minutos.
Porciones: 4

Ingredientes:
- 1 taza de uvas verdes
- Jugo de ½ lima
- 2 cucharadas de azúcar de coco
- 1 taza y media de agua
- 2 cucharaditas de cardamomo en polvo

Direcciones:
1. Calentar una cacerola con el agua a fuego medio, agregar las uvas y el resto de ingredientes, llevar a fuego lento, cocinar por 20 minutos, dividir en tazones y servir.

Nutrición: calorías 384, grasa 12.5, fibra 6.3, carbohidratos 13.8, proteína 5.6

Crema de Mandarina y Ciruelas

Tiempo de preparación: 10 minutos.
Tiempo de cocción: 20 minutos.
Porciones: 4

Ingredientes:
- 1 mandarina, pelada y picada
- ½ libra de ciruelas, sin hueso y picadas
- 1 taza de crema de coco
- Jugo de 2 mandarinas
- 2 cucharadas de azúcar de coco

Direcciones:
1. En una licuadora, combine la mandarina con las ciruelas y los demás ingredientes, pulse bien, divida en moldes pequeños, introduzca en el horno, hornee a 350 grados F por 20 minutos y sirva frío.

Nutrición: calorías 402, grasa 18.2, fibra 2, carbohidratos 22.2, proteína 4.5

Crema de Cerezas y Fresas

Tiempo de preparación: 10 minutos.
Tiempo de cocción: 0 minutos.
Porciones: 6

Ingredientes:
- 1 libra de cerezas, sin hueso
- 1 taza de fresas picadas
- ¼ taza de azúcar de coco
- 2 tazas de crema de coco

Direcciones:
1. En una licuadora, combine las cerezas con los demás ingredientes, pulse bien, divida en tazones y sirva frío.

Nutrición: calorías 342, grasa 22.1, fibra 5.6, carbohidratos 8.4, proteína 6.5

Nueces de cardamomo y arroz con leche

Tiempo de preparación: 5 minutos.
Tiempo de cocción: 40 minutos.
Porciones: 4

Ingredientes:
- 1 taza de arroz basmati
- 3 tazas de leche de almendras
- 3 cucharadas de azúcar de coco
- ½ cucharadita de cardamomo en polvo
- ¼ de taza de nueces picadas

Direcciones:
1. En una sartén, combine el arroz con la leche y los demás ingredientes, revuelva, cocine por 40 minutos a fuego medio, divida en tazones y sirva frío.

Nutrición: calorías 703, grasa 47.9, fibra 5.2, carbohidratos 62.1, proteína 10.1

Pan de peras

Tiempo de preparación: 10 minutos.
Tiempo de cocción: 30 minutos.
Porciones: 4

Ingredientes:
- 2 tazas de peras, sin corazón y en cubos
- 1 taza de azúcar de coco
- 2 huevos batidos
- 2 tazas de harina de almendras
- 1 cucharada de levadura en polvo
- 1 cucharada de aceite de coco derretido

Direcciones:
1. En un bol mezclar las peras con el azúcar y los demás ingredientes, batir, verter en un molde para pan, introducir en el horno y hornear a 350 grados F durante 30 minutos.
2. Cortar y servir frío.

Nutrición: calorías 380, grasa 16.7, fibra 5, carbohidratos 17.5, proteína 5.6

Budín de Arroz y Cerezas

Tiempo de preparación: 10 minutos.
Tiempo de cocción: 25 minutos.
Porciones: 4

Ingredientes:
- 1 cucharada de aceite de coco derretido
- 1 taza de arroz blanco
- 3 tazas de leche de almendras
- ½ taza de cerezas, sin hueso y cortadas por la mitad
- 3 cucharadas de azúcar de coco
- 1 cucharadita de canela en polvo
- 1 cucharadita de extracto de vainilla

Direcciones:
1. En una sartén, combine el aceite con el arroz y los demás ingredientes, revuelva, lleve a fuego lento, cocine por 25 minutos a fuego medio, divida en tazones y sirva frío.

Nutrición: calorías 292, grasa 12.4, fibra 5.6, carbohidratos 8, proteína 7

Guiso de sandía

Tiempo de preparación: 5 minutos.
Tiempo de cocción: 8 minutos.
Porciones: 4

Ingredientes:
- Zumo de 1 lima
- 1 cucharadita de ralladura de lima rallada
- 1 y ½ taza de azúcar de coco
- 4 tazas de sandía, pelada y cortada en trozos grandes
- 1 taza y media de agua

Direcciones:
1. En una sartén, combine la sandía con la ralladura de lima, y los demás ingredientes, mezcle, lleve a fuego lento a fuego medio, cocine por 8 minutos, divida en tazones y sirva frío.

Nutrición:: calorías 233, grasa 0.2, fibra 0.7, carbohidratos 61.5, proteína 0.9

Pudin de jengibre

Tiempo de preparación: 1 hora.
Tiempo de cocción: 0 minutos.
Porciones: 4

Ingredientes:
- 2 tazas de leche de almendras
- ½ taza de crema de coco
- 2 cucharadas de azúcar de coco
- 1 cucharada de jengibre rallado
- ¼ taza de semillas de chía

Direcciones:
1. En un bol, combina la leche con la nata y el resto de ingredientes, bate bien, divide en tazas pequeñas y guárdalas en el frigorífico durante 1 hora antes de servir.

Nutrición: calorías 345, grasa 17, fibra 4.7, carbohidratos 11.5, proteína 6.9

Crema de anacardo

Tiempo de preparación: 2 horas.
Tiempo de cocción: 0 minutos.
Porciones: 4

Ingredientes:
- 1 taza de anacardos picados
- 2 cucharadas de aceite de coco derretido
- 2 cucharadas de aceite de coco derretido
- 1 taza de crema de coco
- cucharadas de jugo de limón
- 1 cucharada de azúcar de coco

Direcciones:
1. En una licuadora, combine los anacardos con el aceite de coco y los demás ingredientes, presione bien, divida en tazas pequeñas y guarde en el refrigerador por 2 horas antes de servir.

Nutrición: calorías 480, grasa 43,9, fibra 2,4, carbohidratos 19,7, proteína 7

Galletas de cáñamo

Tiempo de preparación: 30 minutos.
Tiempo de cocción: 0 minutos.
Porciones: 6

Ingredientes:

- 1 taza de almendras, remojadas durante la noche y escurridas
- 2 cucharadas de cacao en polvo
- 1 cucharada de azúcar de coco
- ½ taza de semillas de cáñamo
- ¼ de taza de coco rallado
- ½ taza de agua

Direcciones:

1. En tu robot de cocina, combina las almendras con el cacao en polvo y los demás ingredientes, pulsa bien, presiona esto sobre una bandeja de horno forrada, guarda en el frigorífico durante 30 minutos, rebana y sirve.

Nutrición: calorías 270, grasa 12.6, fibra 3, carbohidratos 7.7, proteína 7

Tazones de almendras y granada

Tiempo de preparación: 2 horas.
Tiempo de cocción: 0 minutos.
Porciones: 4

Ingredientes:
- ½ taza de crema de coco
- 1 cucharadita de extracto de vainilla
- 1 taza de almendras picadas
- 1 taza de semillas de granada
- 1 cucharada de azúcar de coco

Direcciones:
1. En un bol, combine las almendras con la nata y los demás ingredientes, mezcle, divida en tazones pequeños y sirva.

Nutrición: calorías 258, grasa 19, fibra 3.9, carbohidratos 17.6, proteína 6.2

www.ingramcontent.com/pod-product-compliance
Lightning Source LLC
Chambersburg PA
CBHW071823080526
44589CB00012B/899